EXCEL 2010

Ana Martos Rubio

ANAYA
MULTIMEDIA

Responsable editorial:
Victor Manuel Ruiz Calderón
Susana Krahe Pérez-Rubín

Diseño de cubierta:
Cecilia Poza Melero

Edición española:
© EDICIONES ANAYA MULTIMEDIA
(GRUPO ANAYA, S.A.), 2011
Juan Ignacio Luca de Tena, 15.
28027, Madrid
Depósito legal: M. 27.035-2010
ISBN: 978-84-415-2789-8
Printed in Spain
Imprime: Gráficas Muriel, S.A.

Índice

I

INTRODUCCIÓN

Microsoft Excel es una hoja de cálculo muy potente, versátil y fácil de utilizar, que forma parte de la suite Microsoft Office. Esta suite se compone de varios programas, todos ellos relacionados con el mundo de la Ofimática, es decir, el trabajo burocrático realizado con el ordenador. La última versión de Excel aparecida en el mercado es Excel 2010.

Utilizar una hoja de cálculo resulta una experiencia interesante por el tiempo y el esfuerzo que se puede ahorrar y por la exactitud de los resultados que se consiguen. Y utilizar una hoja de cálculo como Microsoft Excel 2010 supone acercarse a la tecnología más actual y más próxima al usuario, porque todo en ella está pensado para facilitar las tareas.

Si nunca ha empleado una hoja de cálculo, se sorprenderá de lo mucho que puede conseguir con muy poco trabajo y se sorprenderá aún más de los avances que podrá realizar en escaso tiempo, cuando se familiarice con las distintas funciones y pruebe a adentrarse en los innumerables recursos de Excel.

Este libro le ayudará a iniciar su andadura con los documentos de cálculo y le presentará, paso a paso, los métodos más sencillos y prácticos para aprender rápidamente y sin complicaciones.

Si ya conoce el programa o ha trabajado con hojas de cálculo, aprenderá a utilizar las potentes novedades de Excel 2010 de una forma cómoda y sencilla.

1

CONOZCA EXCEL 2010

Excel 2010 está comprendido en la suite ofimática Microsoft Office 2010, que incluye varios programas.

INSTALACIÓN

Instalar Office 2010 es muy fácil porque el proceso es automático. Al insertar el disco que contiene el programa en el lector de CD-ROM, Windows muestra el cuadro de diálogo Reproducción automática sugiriendo varias acciones, entre ellas, instalar o ejecutar el programa. Acepte esa opción haciendo clic en ella o pulsando la tecla **Intro**.

Al insertar el disco, el programa de instalación da a elegir entre dos opciones:

- Instalar ahora. Instala la *suite completa*. Es la opción más recomendable si se carece de experiencia.

- Personalizar. Permite elegir los programas a instalar y seleccionar los componentes de cada uno. Para usuarios con experiencia.

Figura 1.1. Office 2010 se instala de forma automática.

Al final de la instalación aparece el cuadro de diálogo Configuración con opciones para actualizar Office 2010 cuando haya actualizaciones disponibles. Es recomendable dejar activado el botón de opción que aparece pulsado de forma predeterminada, Usar configuración recomendada, porque recibirá gratuitamente todas las puestas al día de Office, que se instalarán automáticamente. Haga clic en **Aceptar**.

Después de instalarlo, el programa le ofrecerá la opción de mantener la conexión con Internet para registrar y activar el producto, escribiendo la clave, o bien finalizar la instalación y activarlo más adelante.

Figura 1.2. Al finalizar la instalación el programa solicita configurar sus actualizaciones.

Nota: Si tiene una versión anterior de Office, el programa de instalación le permitirá actualizarla, instalando la nueva versión sobre la antigua, o bien conservar la antigua e instalar la nueva en otra carpeta. Si desea mantener ambas, haga clic en el botón de opción Mantener todas las versiones anteriores.

Activación de Office 2010

La activación de Office es un proceso muy sencillo guiado por un asistente que solicitará la clave del producto. Si no se activa, al cabo de un tiempo pierde la mayoría de las funciones.

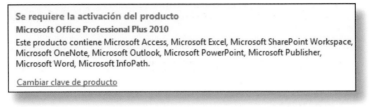

Se requiere la activación del producto
Microsoft Office Professional Plus 2010
Este producto contiene Microsoft Access, Microsoft Excel, Microsoft SharePoint Workspace, Microsoft OneNote, Microsoft Outlook, Microsoft PowerPoint, Microsoft Publisher, Microsoft Word, Microsoft InfoPath.

Cambiar clave de producto

Figura 1.3. El programa precisa activación.

- Para comprobar si el producto está activado haga clic en la pestaña Archivo y después en la opción Ayuda. Si el programa necesita activación, encontrará un mensaje escrito en rojo en la parte superior derecha de la ventana indicando que se requiere activar el producto, así como el enlace Cambiar la clave en el que hacer clic para escribir la clave del programa.

- Si el programa no requiere activación, la misma ventana indicará "Producto activado".

Nota: La clave del producto es una serie de números y letras de 25 caracteres que encontrará en un adhesivo pegado a la caja del disco de Office 2010. Después de escribir esta clave, puede registrar Microsoft Office a través de Internet, siguiendo unas sencillas instrucciones del Asistente. Si lo desea, también puede activar el producto por teléfono con ayuda del servicio de atención al cliente de Microsoft. El teléfono de Atención al Cliente es 902-197-198.

Modificar la instalación o desinstalar Office

Después de instalar Office 2010 es posible añadir o quitar funciones o programas, reparar la instalación o desinstalar el programa.

PRÁCTICA:

Para modificar la instalación de Office 2010, hay que hacer lo siguiente:

1. Haga clic en Iniciar>Panel de control.

2. A continuación, seleccione Programas>Programas y características.

3. Haga clic con el botón derecho del ratón en Microsoft Office 2010 y seleccione la opción Cambiar en el menú contextual.

4. El cuadro de diálogo que aparece ofrece cuatro opciones:

   • Agregar o quitar funciones. Es la opción predeterminada. Haga clic en **Continuar** para añadir un programa no instalado o quitar una función que no utilice. En la pestaña Opciones de instalación, seleccione el programa o función a modificar.

   • La opción Reparar es útil si observa irregularidades en el comportamiento del programa por haberse deteriorado algún componente.

   • La opción Quitar desinstala Office completamente.

   • La opción Escriba una clave de producto permite activar y registrar Office si aún no lo ha hecho.

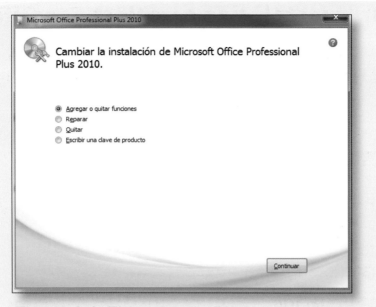

Figura 1.4. El cuadro de diálogo para cambiar
la instalación ofrece varias opciones.

Nota: Tenga en cuenta que los programas de instalación no se limitan solamente a descomprimir y copiar los archivos en una carpeta del disco duro, sino que también copian e instalan determinados accesos, bibliotecas y rutinas en diversos lugares diferentes del equipo. Por tanto, es muy importante que no eliminemos un programa borrándolo directamente o borrando la carpeta que lo contiene, sino que se debe utilizar el programa de desinstalación, si lo tiene. Si no tiene programa de desinstalación, hay que emplear el cuadro de diálogo Programas y características del Panel de control de Windows, y a continuación, seleccionar la aplicación y hacer clic en la opción Cambiar o Desinstalar.

ABRIR Y CERRAR EXCEL 2010

PRÁCTICA:

Para poner en marcha Excel 2010, hay que hacer lo siguiente:

1. Haga clic en el botón **Iniciar** de Windows y seleccione Todos los programas.

2. Haga clic en Microsoft Office para desplegar los programas de la suite.

3. Haga clic en Microsoft Excel 2010.

Para salir de Excel 2010, hay que hacer lo siguiente:

1. Haga clic en la pestaña Archivo, situada en la esquina superior izquierda de la ventana.

2. Cuando se despliegue la ventana, haga clic en la opción Salir. Es la última de la lista de opciones de la izquierda.

Nota: También puede cerrar Excel haciendo clic en el botón **Cerrar** que tiene forma de aspa, situado en la esquina superior derecha de la ventana del programa. Si tiene abiertas varias ventanas, solamente se cerrará la ventana activa. Para cerrarlas todas, haga clic con el botón derecho del ratón en el icono de Excel 2010 en la barra de tareas de Windows y seleccione Cerrar todas las ventanas en el menú contextual.

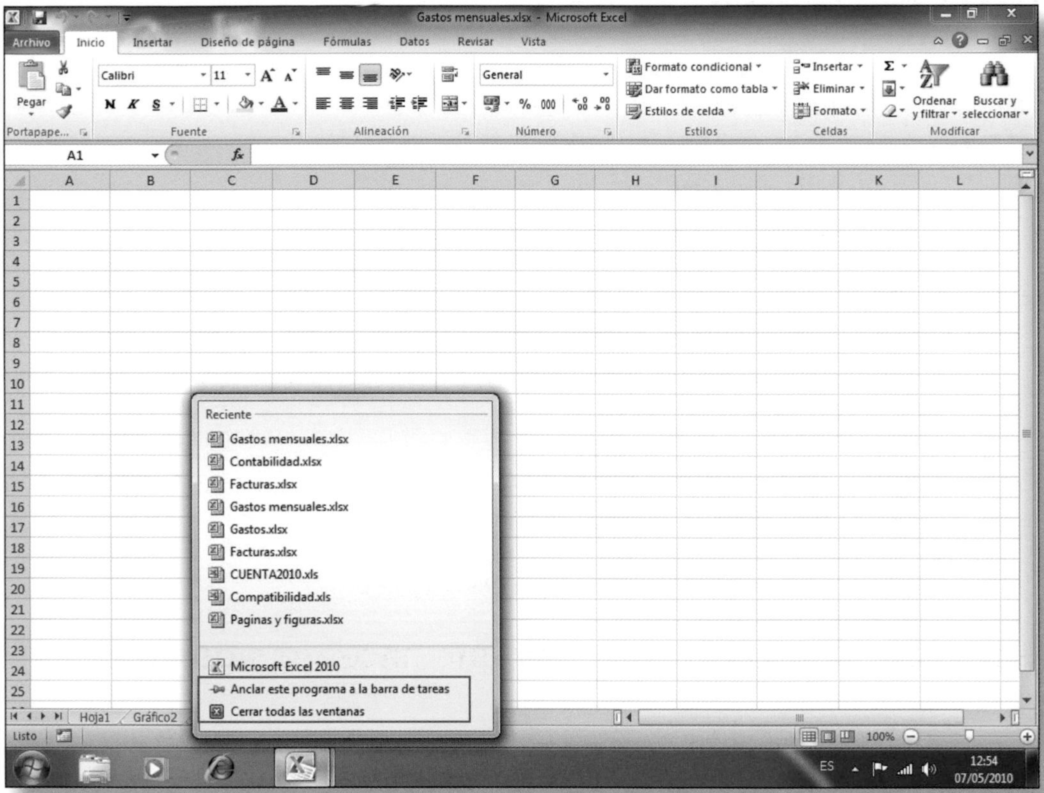

Figura 1.5. El menú contextual del icono
de Excel 2010 en la barra de tareas.

Anclar Excel a la barra de tareas

Para evitar tener que abrir el menú Inicio cada vez que quiera
poner Excel en marcha, puede anclarlo a la barra de tareas de
Windows. Simplemente hay que hacer clic en la opción Anclar
este programa a la barra de tareas del menú contextual que
aparece en la figura 1.5. Excel se convertirá en un botón y
únicamente tendrá que hacer clic en él para ponerlo en marcha.

LA VENTANA DE EXCEL 2010

La ventana de Excel 2010 tiene los elementos que muestra la
figura 1.6.

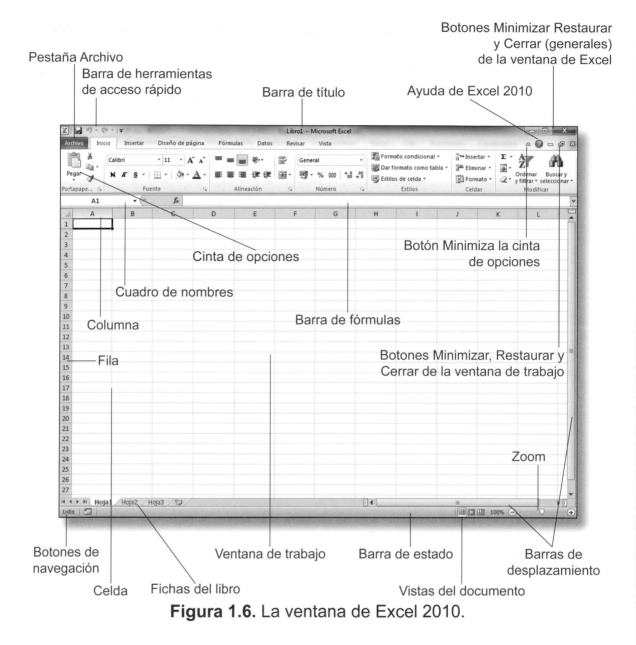

Pestaña Archivo

Barra de herramientas de acceso rápido

Barra de título

Botones Minimizar Restaurar y Cerrar (generales) de la ventana de Excel

Ayuda de Excel 2010

Cinta de opciones

Botón Minimiza la cinta de opciones

Cuadro de nombres

Barra de fórmulas

Columna

Fila

Botones Minimizar, Restaurar y Cerrar de la ventana de trabajo

Zoom

Botones de navegación

Celda

Fichas del libro

Ventana de trabajo

Barra de estado

Vistas del documento

Barras de desplazamiento

Figura 1.6. La ventana de Excel 2010.

Los elementos de la ventana de Excel 2010

La ventana de Excel 2010 tiene los elementos siguientes:

• La zona central en blanco, llamada área o ventana de trabajo, donde se insertan los datos y las fórmulas.

- La barra de título situada en la parte superior, indicando el título del documento. Observe que en la figura 1.6 se llama *Libro1*. Es el nombre que Excel le da al documento hasta que el usuario lo guarda y le da un nombre adecuado.
- Los botones **Minimizar**, **Restaurar** y **Cerrar** (generales), situados en el extremo derecho de la barra de título, similares a los de todas las ventanas de Windows.
  - **Minimizar** convierte el programa en un botón de la barra de tareas de Windows que se despliega de nuevo haciendo clic en él.
  - **Restaurar** amplía la ventana extendiéndola a la pantalla.
  - **Cerrar general** cierra la ventana del programa.
- Los botones **Minimizar**, **Restaurar** y **Cerrar** situados en el extremo superior derecho de la ventana de trabajo sirven para minimizarla, restaurarla o cerrarla, sin afectar a la ventana del programa.
- Las barras de desplazamiento. Sirven para desplazarse en el documento hacia abajo o hacia la derecha, cuando éste es muy grande y no cabe completo en la ventana.
- El cuadro de nombres. Muestra el nombre de la celda activa o su referencia en la hoja.
- La barra de fórmulas. Muestra la fórmula del cálculo que se realiza en la celda activa.
- Filas y columnas. La ventana de trabajo se compone de filas y columnas numeradas que se intersecan formando celdas.
- Celdas. Una celda está formada por la intersección de una fila y una columna. Se denomina según su referencia compuesta por la letra de la columna y el número de la fila. Así, la celda B2 se encuentra en la intersección de la columna B y la fila 2.
- Hojas de cálculo. Las fichas de la parte inferior izquierda de la ventana corresponden a las hojas de cálculo que componen el libro y permiten desplazarse de una a otra con un clic. Si las hojas de cálculo son muy numerosas, se utilizan los botones de navegación para desplazarse entre ellas.

> ### PRÁCTICA:
>
> Pruebe a hacer clic en los botones **Minimizar** y **Restaurar** de la ventana de Excel y seguidamente, de la ventana de trabajo para poder comprobar la diferencia.

La cinta de opciones

La cinta de opciones está situada encima del área de trabajo, inmediatamente debajo de la barra de título. Se compone de diversas fichas que contienen numerosas herramientas. Para acceder a cada ficha, hay que hacer clic en la pestaña correspondiente. La cinta de opciones se puede esconder para ampliar el área de trabajo. Para ello, solamente hay que hacer clic en el botón **Minimiza la cinta de opciones**, situado junto al botón **Ayuda**. Con ello, únicamente se ven las pestañas de las fichas. Para visualizarla completa de nuevo, hay que hacer clic en el mismo botón ⌂ .

- Las fichas de la cinta. Cada ficha está dedicada a una tarea y contiene grupos de comandos, herramientas o funciones reunidos de forma lógica. En la figura 1.6 puede verse el nombre de las fichas: Inicio, Insertar, Diseño de página, Fórmulas, Datos, Revisar y Vista. De forma predeterminada, la ficha activa es Inicio. Para pasar a cualquier otra ficha basta hacer clic en la pestaña correspondiente.

- Grupos. Cada grupo está diferenciado con un recuadro. En la ficha Inicio, se distinguen 7 grupos: Portapapeles, Fuente, Alineación, Número, Estilos, Celdas y Modificar.

- Comandos, herramientas y funciones. Cada grupo contiene diversos comandos y botones. Por ejemplo, el grupo Portapapeles de la ficha Inicio, que es el primero por la izquierda, muestra los comandos Pegar y Portapapeles, así como tres botones correspondientes a otras tantas herramientas: Cortar, Copiar y Pegar formato.

PRÁCTICA:

Pruebe a hacer clic en la pestaña de las diferentes fichas de la cinta de opciones para verlas completas y examinar sus grupos y los comandos que contienen.

Para conocer la función de un botón o comando, aproxime el cursor sin hacer clic y espere unos segundos. Enseguida aparecerá la información de herramientas. Pruebe a acercar el cursor a diversos botones para ver el resultado.

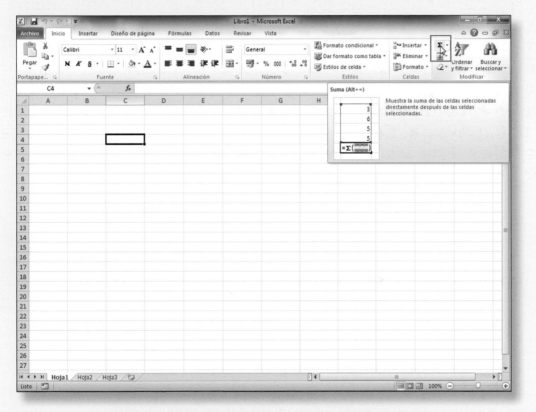

Figura 1.7. Al aproximar el ratón, aparece
la información de herramientas.

- Menús desplegables. Al hacer clic en algunos botones contenidos en las distintas fichas, se despliega un menú con diversas opciones. Por ejemplo, el comando Columna de la ficha Insertar despliega un menú cuando se hace clic en él.

PRÁCTICA:

Haga clic en la ficha Insertar si no está visible. Observe el grupo Gráficos. Haga clic en el comando Columna para ver el menú que se despliega.

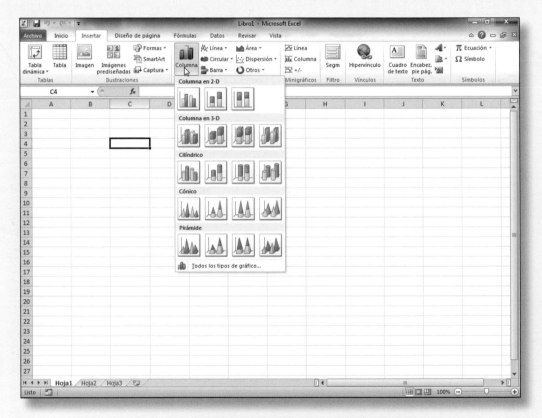

Figura 1.8. El comando Columna de la ficha Insertar despliega un menú cuando se hace clic en él.

- Cuadros de diálogo. Son ventanas que permiten seleccionar distintas opciones. El extremo inferior derecho de algunos de los grupos que componen cada ficha lleva incorporado un botón **Iniciador de cuadro de diálogo**, que despliega el cuadro correspondiente.

PRÁCTICA:

Pruebe a acercar el cursor al botón **Iniciador de cuadro de diálogo** del grupo Fuente de la ficha Inicio para ver la información. Es el pequeño cuadro con una flecha que se ve en el extremo inferior derecho del grupo.
A continuación, haga clic en el mismo lugar para desplegar el cuadro de diálogo. Puede cerrar el cuadro de diálogo Formato de celdas haciendo clic en el botón **Cerrar**, el que tiene forma de aspa en el extremo superior derecho.

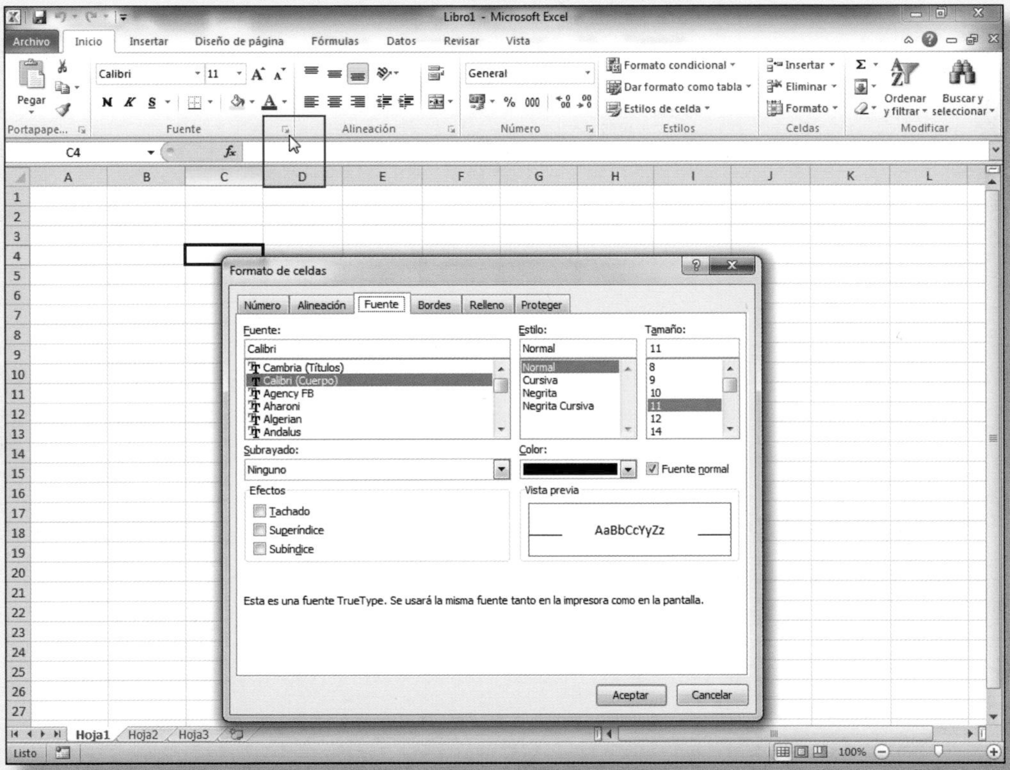

Figura 1.9. Algunos grupos de comandos llevan un botón que inicia el cuadro de diálogo correspondiente. Al acercarle el ratón aparece la información. Al hacer clic, se despliega el cuadro de diálogo.

La barra de estado

La barra de estado de Excel 2010 se halla en el extremo inferior de la pantalla. La zona de la izquierda indica si están activadas algunas de las funciones del programa. La zona de la derecha contiene los elementos siguientes:

- Vistas del documento. Contiene botones para visualizar el libro en modo Normal, Diseño de página y Vista previa de salto de página.
- Nivel de zoom. Porcentaje de ampliación del documento.
- Zoom. Contiene un control deslizante que se puede mover a derecha o izquierda para ampliar o reducir el documento.

PRÁCTICA:

Pruebe a hacer clic en el control deslizante del zoom y arrástrelo a la derecha y a la izquierda para comprobar el resultado .

La barra de estado tiene también un menú contextual que se despliega al hacer clic en ella con el botón derecho del ratón. Este menú permite activar y desactivar opciones con un clic.

PRÁCTICA:

Pruebe a desactivar y activar una función:

1. Haga clic con el botón derecho en la barra de estado.
2. Haga clic en la opción Zoom o Control deslizante del zoom para desactivarla. Verá que desaparece de la barra de estado.
3. Haga clic en la misma opción para volver a activarla.

La barra de herramientas de acceso rápido

La barra de herramientas de acceso rápido está situada en la parte superior izquierda de la ventana. Contiene iconos que facilitan el acceso directo a algunas funciones, como Guardar o Deshacer. Pero es posible añadir otras funciones y comandos que se utilicen con frecuencia.

PRÁCTICA:

Pruebe a agregar un comando a la barra de herramientas de acceso rápido:

1. Haga clic en el botón **Personalizar barra de herramientas de acceso rápido**, para desplegar el menú. Está situado en el extremo derecho de la barra y muestra una pequeña flecha abajo.

2. Seleccione en el menú el comando o comandos que le parezcan más interesantes. Por ejemplo, Nuevo le permitirá abrir un nuevo libro con un solo clic. Impresión rápida le permitirá imprimir un libro o una hoja de cálculo con un solo clic, utilizando los parámetros de impresión que haya configurado anteriormente. Puede ver, a continuación los comandos en la figura 1.10.

3. Para eliminar un comando de la barra, haga clic en él con el botón derecho del ratón y seleccione Eliminar de la barra de herramientas de acceso rápido en el menú contextual. Siempre podrá agregarlo de nuevo.

4. Si la barra de herramientas de acceso rápido se hace demasiado larga y molesta la visión, puede moverla debajo de la cinta de opciones haciendo clic en Mostrar debajo de la cinta de opciones. Podrá devolverla a su lugar haciendo clic en el mismo menú.

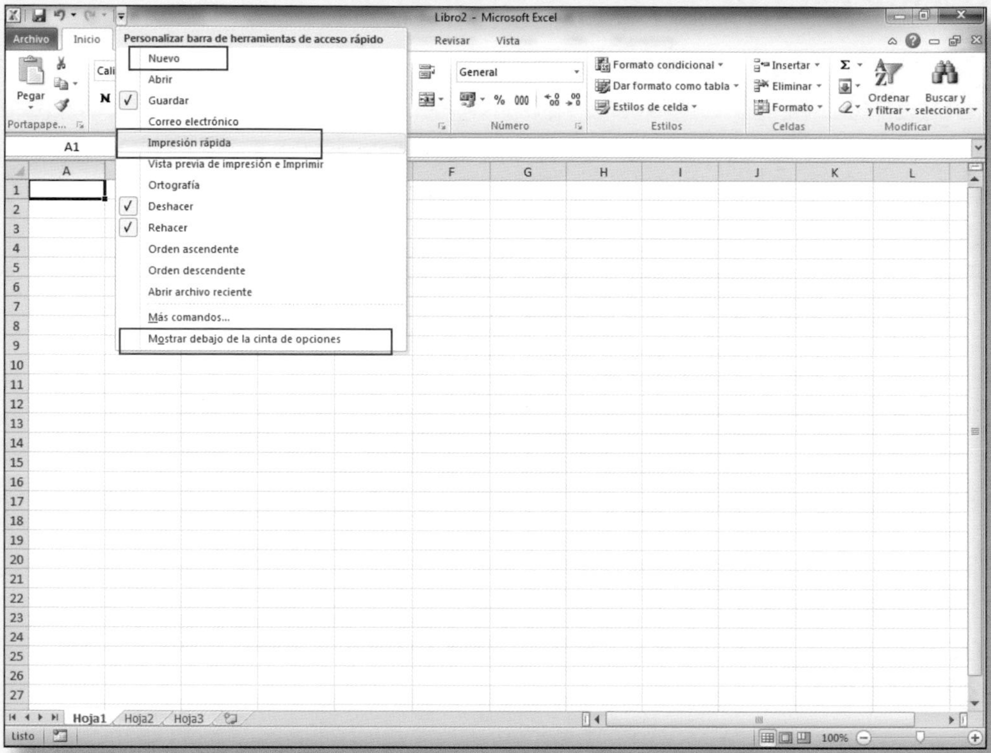

Figura 1.10. El menú de la barra de herramientas
de acceso rápido permite agregarle nuevos comandos.

5. Si lo desea, también puede agregar cualquier botón
o comando de la cinta de opciones a la barra de
herramientas de acceso rápido. Para ello, haga clic
con el botón derecho sobre el comando o botón y
seleccione Agregar a la barra de herramientas de
acceso rápido en el menú contextual.

6. Si aproxima el ratón a las opciones del menú
desplegado de la barra de herramientas de acceso
rápido, podrá comprobar que, si un comando está
desactivado, la información de herramientas indica
"Agregar a la barra de herramientas de acceso rápido",
mientras que, si lo aproxima a un comando activado,
la información indicará "Eliminar de la barra de
herramientas de acceso rápido".

La vista Backstage

La vista Backstage da acceso a numerosas funciones y opciones del programa. Se accede a ella haciendo clic en la pestaña Archivo, a la izquierda de la cinta de opciones. Se cierra haciendo clic igualmente en la pestaña Archivo (o en cualquier otra pestaña), con lo cual se vuelve al documento activo. La vista Backstage tiene varias fichas, a las que se accede haciendo clic en las opciones de igual nombre:

- Guardar y Guardar como. Se emplean para poder guardar los libros.

- Abrir y Cerrar. Se emplean para abrir y cerrar libros.

- Información. Muestra toda la información disponible sobre el libro activo. A la derecha de la ventana aparecen las propiedades del libro, con el tamaño, autor, versiones, páginas, etc.

- Reciente. Muestra todos los libros y carpetas con los que se ha trabajado más recientemente. Eso permite abrir cualquiera de ellos con un simple clic.

- Nuevo. Da acceso a la ventana para crear un nuevo libro y utilizar las plantillas disponibles.

- Imprimir. Muestra una vista del libro tal y como se imprimirá. Ofrece opciones para modificar márgenes, orientación, número de copias, impresora a emplear, etc.

- Guardar y enviar. Permite enviar el archivo por correo electrónico o guardarlo en el espacio personal de Windows Live en Internet.

- Ayuda. Ofrece ayuda, actualizaciones, contacto con Microsoft y la opción para activar el producto.

- Opciones. Abre el cuadro de diálogo Opciones de Excel con diversas fichas para personalizar el programa.

- Salir. Cierra Excel.

PRÁCTICA:

Pruebe a hacer clic en las distintas opciones de la pestaña Archivo. Vea las fichas de la vista Backstage y examine el cuadro de diálogo Opciones de Excel. Utilizaremos las más importantes a lo largo del libro.

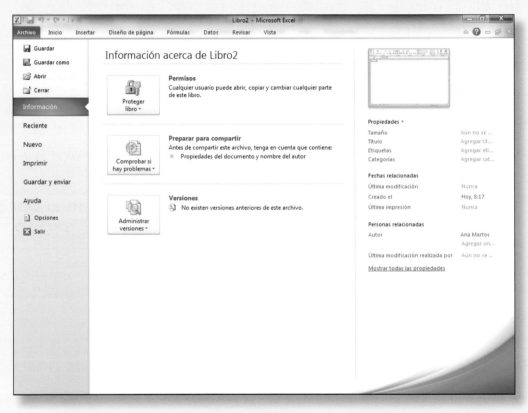

Figura 1.11. La opción Información de la vista Backstage ofrece información sobre el archivo.

La Ayuda de Excel 2010

Además de la opción Ayuda de la vista Backstage, encontrará la Ayuda en un botón con una interrogación que se encuentra en la esquina superior derecha de la cinta de opciones, bajo los tres botones. Al hacer clic en dicho botón, se despliega un cuadro con explicaciones detalladas de los distintos procesos y tareas ❓ .

PRÁCTICA:

Pruebe la Ayuda de Excel 2010 haciendo clic en el icono marcado con una interrogación. Cuando se despliegue el cuadro de diálogo, haga clic en los temas para verlos.

Otros elementos de Excel

Además de los elementos que hemos visto, Excel ofrece menús contextuales y una paleta de formato.

Los menús contextuales son menús que se despliegan al hacer clic con el botón derecho del ratón en un lugar determinado del libro. Se llaman contextuales porque ofrecen opciones relativas al contexto en el que aparecen, como los menús vistos anteriormente de la cinta de opciones o la barra de estado.

Para visualizar el menú contextual del libro de cálculo y acceder a la paleta de formato, simplemente hay que hacer clic con el botón derecho del ratón en cualquier lugar del área de trabajo.

PRÁCTICA:

Haga clic con el botón derecho del ratón sobre el área de trabajo, en cualquier documento que tenga abierto, aunque sea un libro en blanco. Observe que aparece el menú contextual y cerca de él (encima, debajo o junto a él, según el lugar), la paleta de formato con opciones para formatear el texto.

- El menú contextual y la paleta se cierran al hacer clic fuera de ellos.

- El menú contextual contiene algunas de las opciones de la cinta de opciones como Copiar, Insertar u Ordenar.

- La paleta de formato, aparece junto con el menú contextual al hacer clic con el botón derecho en el área de trabajo. Ofrece opciones para aplicar formato al texto similares a las que se encuentran en la ficha Inicio, como Tamaño de fuente, Negrita o Cursiva.

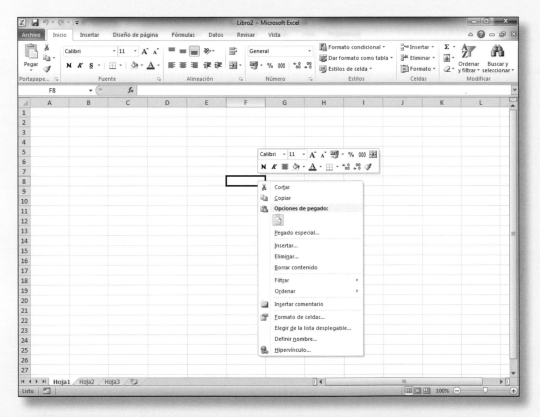

Figura 1.12. El menú contextual del área de trabajo y la paleta de formato aparecen aunque el documento esté en blanco.

2

EL TRABAJO CON EXCEL 2010

ABRIR Y CERRAR LIBROS DE CÁLCULO

Al poner Excel en marcha, abre un libro de cálculo en blanco. Para cerrar el libro sin cerrar el programa, hay que hacer clic en Archivo y seleccionar la opción Cerrar. Conviene distinguir esta opción de la que cierra el programa, que es Salir.

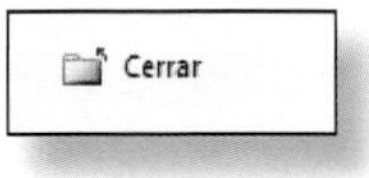

Para abrir un libro de Excel existente hay que hacer clic en Archivo y seleccionar la opción Abrir. En el cuadro de diálogo Abrir, hay que hacer clic en el documento y en el botón **Abrir**. Si se trata de un libro utilizado recientemente, aparecerá en la vista Backstage al hacer clic en Archivo y seleccionar la opción Reciente.

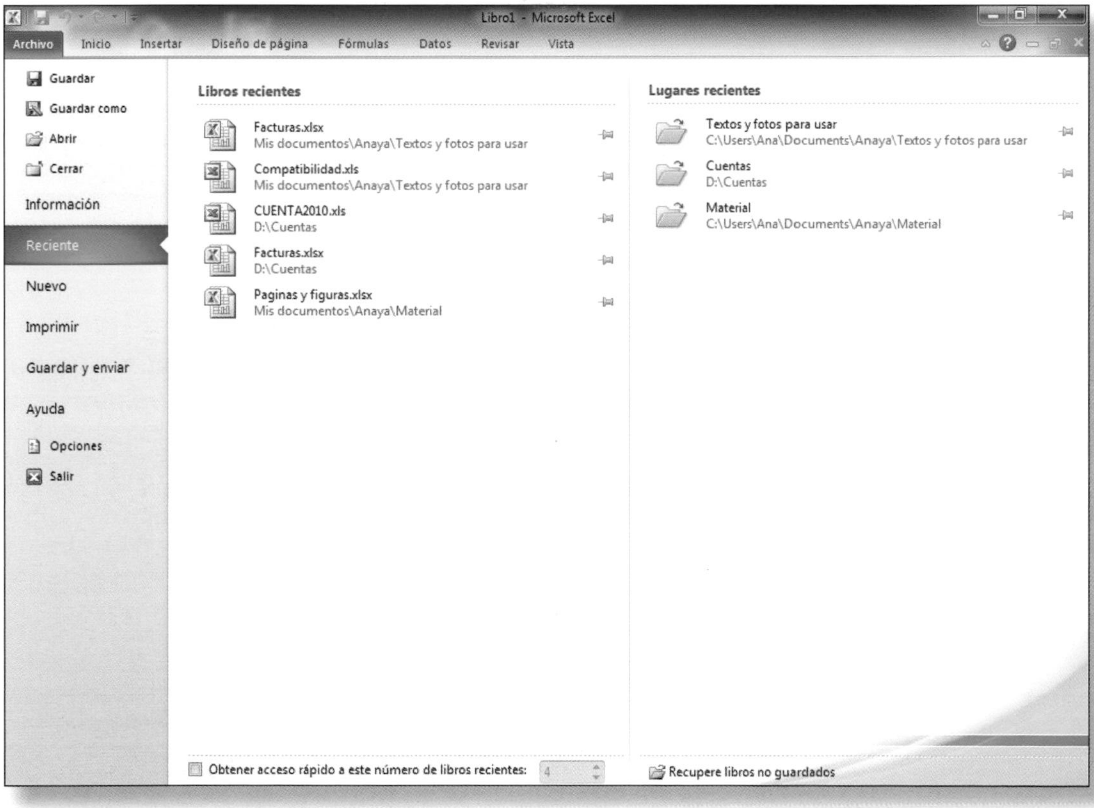

Figura 2.1. Los documentos utilizados recientemente aparecen en la la opción Reciente.

LOS CURSORES Y PUNTEROS DE EXCEL 2010

Antes de empezar a trabajar con Excel 2010, veamos los cursores y punteros más importantes que utiliza este programa y que aparecerán en la ventana de trabajo a medida que utilicemos nuevas funciones.

Tabla 2.1. Los cursores de Excel 2010.

El aspecto que tiene	Lo que hace
I	Es el puntero de escribir texto con el que hay que hacer clic para fijar el punto de inserción. Se diferencia del punto de inserción en que puede moverse moviendo el ratón.
|	Es el punto de inserción que parpadea para indicar que se puede empezar a insertar datos. Lo que escriba aparecerá en ese lugar. Se diferencia del puntero de escribir texto en que sólo se mueve haciendo clic en otro sitio o utilizando las teclas del cursor.
✛	Es el cursor en forma de signo + con el que hay que hacer clic para seleccionar una celda y empezar a insertar datos en ella. Es el primer cursor que encontrará al abrir un libro de Excel.
	Es el puntero de arrastre con el que hay que hacer clic y arrastrar para trasladar una celda o un objeto a otro lugar de la hoja.
	Es el puntero de la función Relleno, con el que puede hacer clic y arrastrar para extender una selección o para copiar el contenido de una celda hacia el lado que desee.
	Es el puntero de seleccionar filas con el que se puede seleccionar una fila haciendo clic.

El aspecto que tiene	Lo que hace
	Es el puntero de seleccionar columnas con el que selecciona una columna haciendo clic.
	Es el puntero de arrastrar bordes de filas.
	Es el puntero de arrastrar bordes de columnas.

DESPLAZARSE EN UNA HOJA DE CÁLCULO

Para desplazarse en una hoja de cálculo, simplemente haga clic en la celda a la que desee ir. Si la hoja tiene muchas y filas y columnas, puede utilizar el teclado como recoge la tabla 2.2.

Tabla 2.2. Desplazamiento con el teclado.

Teclas	Desplazamiento a
Teclas del cursor	Moverse entre celdas adyacentes.
Inicio	Va a la primera celda de la fila.
Control-Inicio	Va a la primera celda de la hoja.
Control-Fin	Va a la última celda que tenga datos.
AvPág	Avanza una página en la hoja.
RePág	Retrocede una página en la hoja.

PRÁCTICA:

Aprenda a desplazarse en una hoja de cálculo:

1. Ponga en marcha Excel haciendo clic en el botón de la barra de tareas o en el menú Inicio.

2. Aproxime el ratón a la ventana. Observe que adquiere la forma del signo +.

3. Haga clic en la celda A1. De esta forma, la seleccionará y la convertirá en la celda activa.

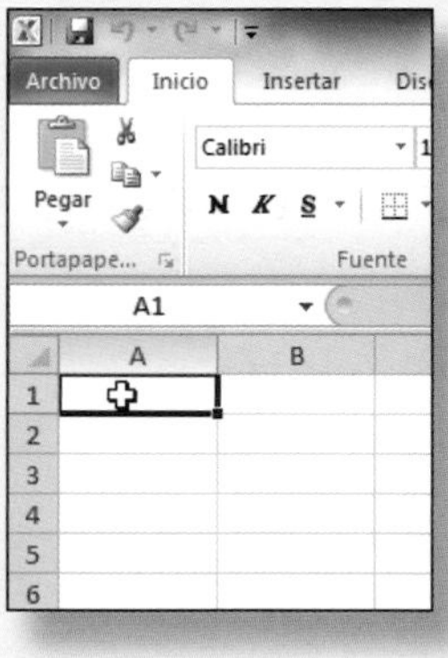

Figura 2.2. La celda activa es la que aparece seleccionada.

4. Pulse la tecla **Flecha abajo** para desplazarse una celda abajo.

5. Pulse la tecla **Flecha dcha**. para desplazarse una celda a la derecha.

6. Pulse las teclas del cursor (las flechas) para desplazarse en la hoja.

7. Seguidamente, pulse la tecla **Inicio** para ir a la primera celda de la fila.

8. Pulse a la vez las teclas **Control** e **Inicio** para ir a la celda A1.

Desplazarse dentro de una celda

PRÁCTICA:

Aprenda a desplazarse en una celda:

1. Escriba una cifra cualquiera en la celda A1, por ejemplo, **34**. Observe que al escribir en la celda, aparece el punto de inserción parpadeando en su interior.

2. A continuación, pulse la tecla **Flecha izqda.** dos veces para desplazar el punto de inserción delante de los dos guarismos. Recuerde que el punto de inserción sólo se mueve haciendo clic o utilizando las teclas del cursor.

3. Seguidamente, mueva el cursor fuera de la celda sin hacer clic. Recuerde que se mueve libremente moviendo el ratón.

Figura 2.3. El punto de inserción en el interior de la celda y el cursor en el exterior.

4. Pruebe a desplazar el punto de inserción dentro de la celda moviendo las teclas del cursor. Observe que no puede salir de la celda si no es haciendo clic en otra.

Ir directamente a una celda

PRÁCTICA:

Para ir a una celda directamente, escriba la referencia en el Cuadro de nombres. Por ejemplo, escriba **B3** y pulse la tecla **Intro**.

Figura 2.4. Para ir a una celda, escriba la referencia en el Cuadro de nombres.

Las barras de desplazamiento

Otra forma de desplazarse en una hoja de cálculo es utilizar las barras de desplazamiento vertical y horizontal.

- Para desplazarse con las barras de desplazamiento, haga clic en el botón de desplazamiento y arrástrelo hacia arriba o hacia abajo.

- Si arrastra el botón de desplazamiento de la barra vertical, verá una etiqueta que indica el número de fila en el que se encuentra.

- Si arrastra el botón de desplazamiento de la barra horizontal, verá una etiqueta que indica el número de columna en el que se encuentra.

Figura 2.5. La información de herramientas indica el número de la fila.

Para desplazarse una columna a la derecha o a la izquierda, haga clic en la flecha de desplazamiento correspondiente en la barra horizontal.

Figura 2.6. Para desplazarse una columna a la izquierda, haga clic en la flecha que apunta a la izquierda.

INSERTAR Y MODIFICAR DATOS

PRÁCTICA:

Pruebe a desplazarse en la hoja insertando datos al mismo tiempo:

1. Vaya a la celda A1 en la que escribió una cifra. Recuerde que puede utilizar el ratón haciendo clic, el teclado pulsando **Control-Inicio** o el Cuadro de nombres escribiendo la referencia de la celda: A1.

2. Escriba directamente los nuevos datos encima de los existentes. Quedarán reemplazados por los nuevos.

3. Después de escribir una cifra en la celda A1, pulse **Intro**. Escriba una cifra en la celda siguiente y vuelva a pulsar **Intro**. Repita la operación varias veces.

BORRAR DATOS

1. Borre los datos de una celda haciendo clic en ella para seleccionarla y pulsando la tecla **Supr**.

LAS FÓRMULAS

Excel emplea los signos + para sumar, - para restar, * para multiplicar y / para dividir.

PRÁCTICA:

Pruebe a escribir una fórmula sencilla de suma:

1. Haga clic en una celda y escriba =
2. Escriba **2**.
3. Pulse la tecla **+**
4. Escriba **5**.
5. Pulse la tecla **Intro**.
6. Observe que la celda muestra el resultado y que la barra de fórmulas muestra la fórmula de la suma.

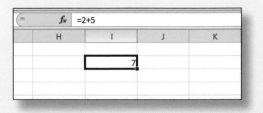

Figura 2.7. El resultado aparece en la celda y la fórmula en la barra de fórmulas.

 **Nota**: Recuerde siempre empezar todas las fórmulas con el signo **=**.

PRÁCTICA:

Pruebe a escribir nuevas fórmulas simples para restar, multiplicar y dividir:

1. Haga clic en una celda y escriba **=**.
2. Escriba **8**.
3. Pulse la tecla **-**.
4. Escriba **5**.
5. Pulse la tecla **Intro**.
6. Haga clic en otra celda y escriba **=**.
7. Escriba **4**.
8. Pulse la tecla *****.
9. Escriba **5**.
10. Pulse la tecla **Intro**.
11. Haga clic en otra celda y escriba **=**.
12. Escriba **8**.
13. Pulse la tecla **/**.
14. Escriba **2**.
15. Pulse la tecla **Intro**.

Operaciones con celdas no adyacentes

Hasta ahora hemos operado con celdas adyacentes, escribiendo la fórmula directamente en la celda. Ahora probaremos a utilizar el ratón para operar con celdas no adyacentes. En lugar de escribir la fórmula con guarismos, la escribiremos con las referencias de las celdas.

PRÁCTICA:

Pruebe a escribir y sumar tres celdas separadas:

1. Haga clic en la celda A8 y escriba **9**

2. Haga clic en la celda B12 y escriba **7.**

3. Haga clic en la celda E5 y escriba **10**.

4. Haga clic en la celda A1 y escriba el signo = para obtener el resultado.

5. Haga clic en la celda A8 y pulse el signo **+**.

6. Haga clic en la celda B12 y pulse el signo **+**.

7. Haga clic en la celda E5 y pulse **Intro** para finalizar la fórmula.

PRÁCTICA:

Pruebe ahora a modificar los datos.

1. Observe la fórmula en la barra de fórmulas y el resultado en la celda A1.

2. Haga clic en la celda E5 y escriba **6.** El resultado de A1 se modificará automáticamente.

PRÁCTICA:

Si lo desea, practique con celdas no adyacentes utilizando también el signo de la resta.

Insertar texto en una celda

Para insertar texto en una celda, solamente hay que hacer clic y empezar a escribir. Excel alinea el texto a la izquierda y las cifras a la derecha.

PRÁCTICA:

Pruebe a escribir un texto en una celda y observe la barra de fórmulas para ver el resultado. Pulse **Intro** para terminar.

LOS BOTONES DESHACER Y REHACER

La barra de herramientas de acceso rápido ofrece dos botones muy interesantes:

- **Deshacer**. Deshace la última acción ejecutada [⤺].
- **Rehacer**. Repite la última acción ejecutada [↻].

PRÁCTICA:

Practique con los botones **Deshacer** y **Rehacer**:

1. Escriba texto y cifras en distintas celdas.
2. Haga clic sobre una celda para seleccionarla.
3. Pulse la tecla **Supr** para borrarla.

4. Haga clic en el botón **Deshacer** de la barra de herramientas de acceso rápido para volver a ver la palabra.

5. Haga clic en el botón **Rehacer** de la barra de herramientas de acceso rápido para volver a borrarla.

 **Nota:** Recuerde que estos botones deshacen o rehacen siempre la última acción. Si necesita deshacer una acción que no sea la última, haga clic en la flecha abajo del botón **Deshacer** y observe todas las acciones que ha realizado hasta llegar a la que desea deshacer. Puede deshacerla haciendo clic en ella, pero tenga en cuenta que también se desharán las acciones posteriores. Windows almacena las acciones en una pila y va colocando la última que se realiza encima de todas, en primer lugar.

EL PORTAPAPELES DE EXCEL 2010

Al copiar o cortar un dato, Windows lo almacena en su Portapapeles de manera que luego se puede pegar tantas veces como se desee. Pero solamente se puede mantener un elemento a la vez. Si copia o corta otro, se borrará.

Excel tiene su propio Portapapeles que permite almacenar 24 elementos. Si se copia uno más, se borrará el primero. A diferencia del Portapapeles de Windows, el Portapapeles de Excel no permite copiar y pegar fórmulas, sino solamente sus resultados.

PRÁCTICA:

Practique con los botones **Copiar** y **Pegar**:

1. Escriba una fórmula sencilla en una celda, por ejemplo, **=5*4** y pulse **Intro**.

2. Haga clic en la celda para seleccionarla y después haga clic en el botón **Copiar**.

3. Haga clic en otra celda y después haga clic en el comando Pegar.

4. Compruebe en la barra de fórmulas que se ha pegado la fórmula y no el resultado. Para ello hemos utilizado el Portapapeles de Windows.

PRÁCTICA:

Practique con los botones **Cortar** y **Pegar**:

1. Escriba una cifra o una fórmula en una celda y pulse **Intro**.

2. A continuación, haga clic en la celda para poder seleccionarla y seguidamente, haga clic en el botón **Cortar**.

3. Haga clic en otra celda y después haga clic en el comando Pegar. Observe que, a diferencia del ejercicio anterior, el dato ha desaparecido de su lugar de origen y se ha trasladado al de destino.

PRÁCTICA:

Pruebe a utilizar el Portapapeles de Excel:

1. Haga clic en el pequeño botón **Iniciador del cuadro de diálogo** del grupo Portapapeles de la ficha Inicio, para desplegar el panel de tareas Portapapeles. Quedará acoplado a la izquierda de la ventana de Excel.

2. Observe el contenido del panel. Si no está vacío, haga clic en el botón **Borrar todo**.

3. Haga doble clic en una celda que tenga datos para seleccionarla.

4. Haga clic en **Copiar.** El resultado de la fórmula aparecerá en el Portapapeles de Excel encima del dato anterior. Para copiar la fórmula, cierre antes el Portapapeles de Excel.

5. Haga clic y seleccione una celda con una fórmula.

6. Haga clic en el botón **Copiar** del grupo Portapapeles de la ficha Inicio. La fórmula se situará en el Portapapeles encima del dato anterior. Así se va formando la pila.

7. Puede continuar copiando o cortando celdas para comprobar cómo se van situando encima de los anteriores para formar la pila. Si copia más de 24 elementos, el primero copiado se eliminará del Portapapeles.

8. Haga clic en el lugar de la hoja donde desee insertar cualquiera de los contenidos del Portapapeles.

9. Haga clic en el contenido del Portapapeles que desee insertar. Observe que el contenido se copia pero no desaparece del Portapapeles. Puede insertarlo tantas veces como desee.

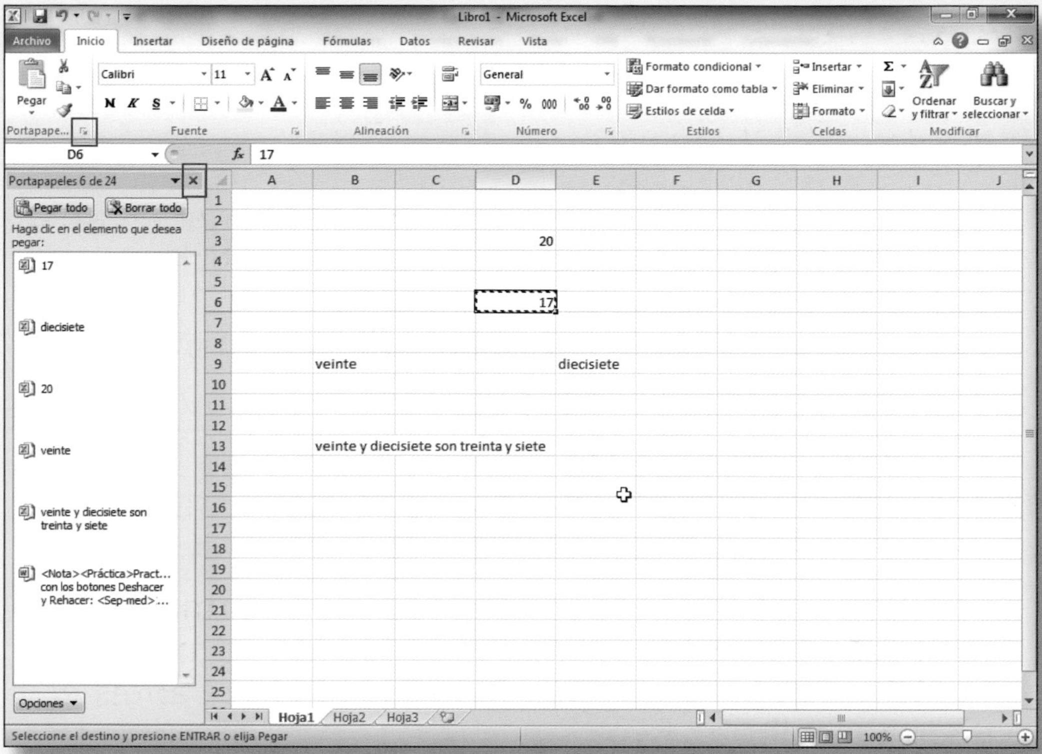

Figura 2.8. El Portapapeles de Excel va colocando
al principio el último objeto copiado o cortado.

Para cerrar el panel de tareas Portapapeles, hay que hacer clic
en el botón en forma de aspa situado en el extremo superior
derecho. Para eliminar un contenido del Portapapeles, hay que
hacer lo siguiente:

PRÁCTICA:

Pruebe a borrar contenidos del Portapapeles:

1. Haga clic en la flecha abajo que aparece junto a ese
   contenido al aproximar el ratón.

2. Cuando se despliegue el menú, haga clic en Eliminar.

3

EL TRABAJO CON CELDAS, FILAS Y COLUMNAS

Excel permite insertar diferentes contenidos en las celdas con distintos formatos.

TIPOS DE CELDAS

Las celdas pueden contener números, fórmulas, textos, fechas, horas, símbolos, imágenes, gráficos, etc.

Se puede considerar cada celda como un documento de un procesador de textos, ya que cada una admite prácticamente todos los formatos y opciones que admitiría un documento, por ejemplo, de Word o WordPad.

La fecha y la hora

PRÁCTICA:

Pruebe a insertar la fecha y la hora en una hoja de cálculo:

1. Abra un documento de Excel.
2. Seguidamente, haga clic en una celda y pulse al mismo tiempo las teclas **Control** y **;** (punto y coma). Pulse **Intro**.
3. Finalmente, haga clic en otra celda y pulse al mismo tiempo las teclas **Control-Mayús** y **:** (dos puntos). Pulse **Intro**.

En la práctica anterior, Excel ha insertado la fecha y la hora actuales. Probemos a continuación a escribir una fecha y hora distintas a las actuales:

PRÁCTICA:

Inserte una fecha y una hora no actuales:

1. Abra un documento de Excel.

2. Haga clic en una celda y escriba **25/2/2009**. Pulse **Intro**. Excel reconocerá el formato como el predeterminado para las fechas. La lista desplegable Formato de número del grupo Número de la ficha Inicio indicará **Fecha**.

3. Haga clic en otra celda y escriba **15-5-1996**. Pulse **Intro**. Excel cambiará el formato al predeterminado, a 15/5/1996. La lista desplegable Formato de número del grupo Número de la ficha Inicio indicará Fecha.

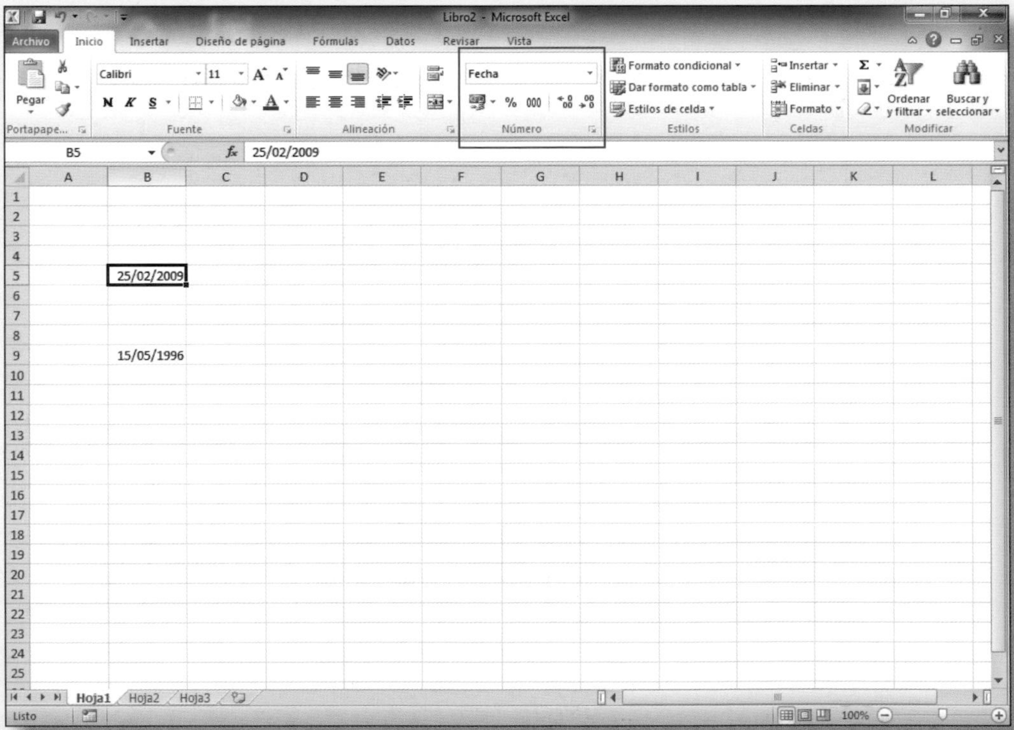

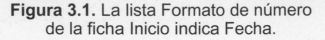

Figura 3.1. La lista Formato de número de la ficha Inicio indica Fecha.

4. Seleccione la celda en que ha escrito 25/2/2009 y haga clic en la lista Formato de número para desplegarla.

5. Haga clic en Fecha larga. Excel la cambiará por: **miércoles, 25 de febrero de 2009**.

Formatos numéricos

Como hemos visto con las fechas, los formatos no modifican el dato, sino su expresión. Excel 2010 ofrece distintos formatos numéricos.

PRÁCTICA:

Pruebe algunos formatos numéricos de Excel 2010:

1. Abra un documento de Excel.

2. A continuación, haga clic en una celda y escriba **25543**. Pulse **Intro**.

3. Seleccione la celda y haga clic en la lista Formato de número.

4. A continuación, pruebe algunos de los formatos para ver el efecto, por ejemplo, si selecciona Contabilidad, el número quedará formateado con dos posiciones decimales, punto de separación de millares y el símbolo del Euro. Seleccione la opción Más formatos de número.

5. En el cuadro de diálogo Formato de celdas, haga clic en Número. Haga clic en la casilla de verificación Usar separador de miles y haga clic en Posiciones

decimales si quiere modificar el número de decimales predeterminado, que es de dos. Escriba un número o haga clic en la flecha arriba o abajo para aumentar o disminuir la cantidad de decimales.

6. Cuando termine, haga clic en **Aceptar**.

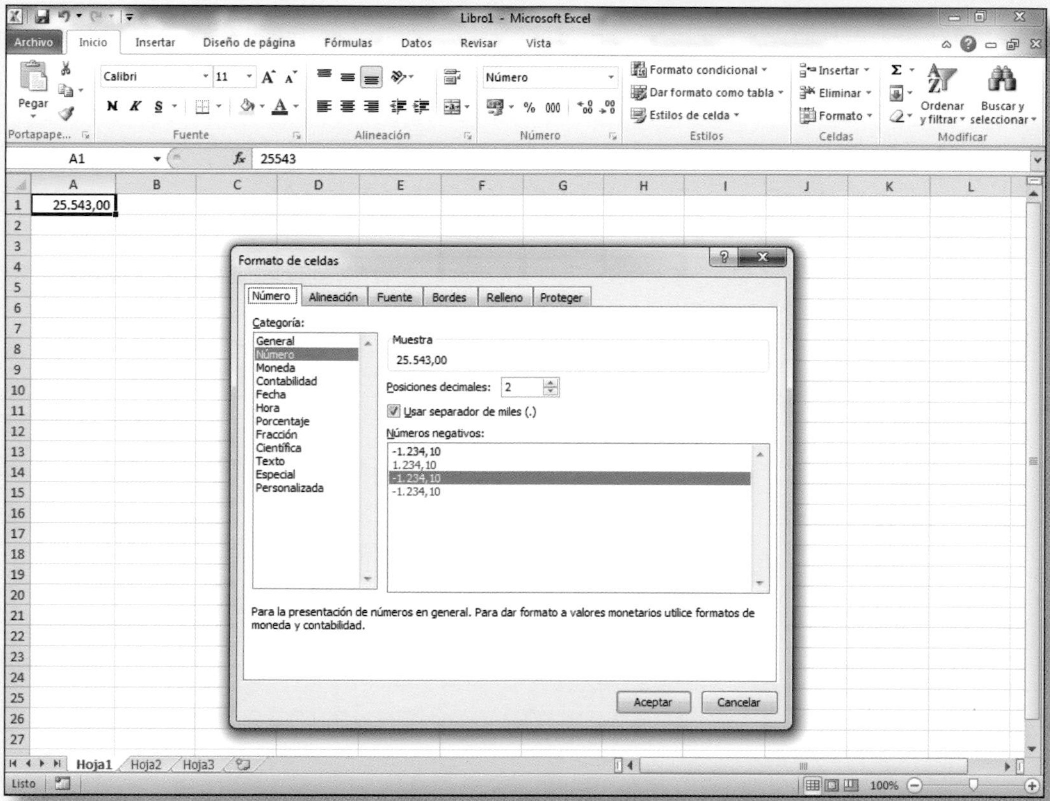

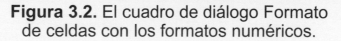

Figura 3.2. El cuadro de diálogo Formato de celdas con los formatos numéricos.

Formatos de texto

Dado que una celda se puede comparar a un procesador de textos, es posible aplicar cualquier formato o estilo al texto incluido en una de ellas.

PRÁCTICA:

Pruebe algunos estilos de celda de Excel 2010:

1. Abra un documento de Excel.
2. Haga clic en la celda A1 y escriba **Gastos mensuales**. Pulse **Intro**. Observe que el texto excede el tamaño de la celda pero parece continuar en la siguiente. Sin embargo, si hace clic en la celda B1, podrá observar en la barra de fórmulas que esa celda está en blanco y que todo el texto se encuentra en la A1.

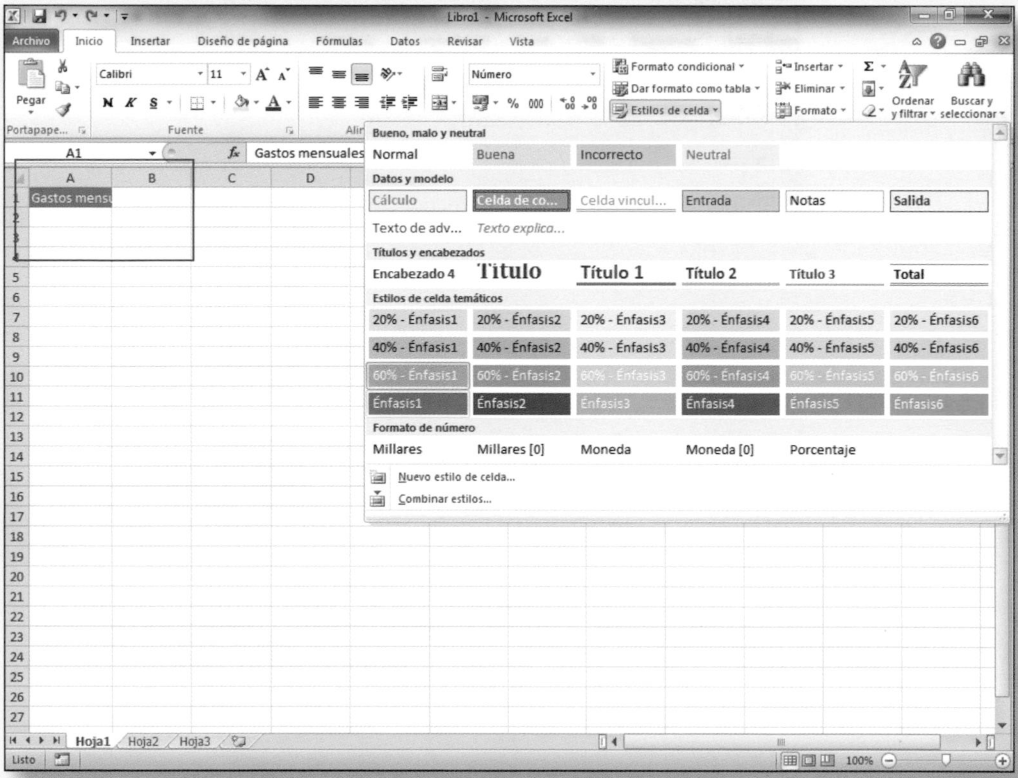

Figura 3.3. El texto excede la celda y el formato queda en la primera.

3. Seleccione la celda y haga clic en Estilos de celda.

4. Aproxime el ratón a los distintos estilos para ver el resultado sobre la celda. Haga clic en un estilo de encabezado o título, por ejemplo, 60% Enfasis1. El formato se aplicará solamente a la celda en la que escribió el texto.

5. Para ajustar el texto y su formato a la celda A1, haga clic en el botón **Ajustar texto** del grupo Alineación y después en el botón **Centrar**.

6. También puede modificar la fuente y su tamaño haciendo clic en las listas desplegables Fuente y Tamaño de fuente, en el grupo Fuente, y seleccionando otra fuente y un tamaño mayor o menor.

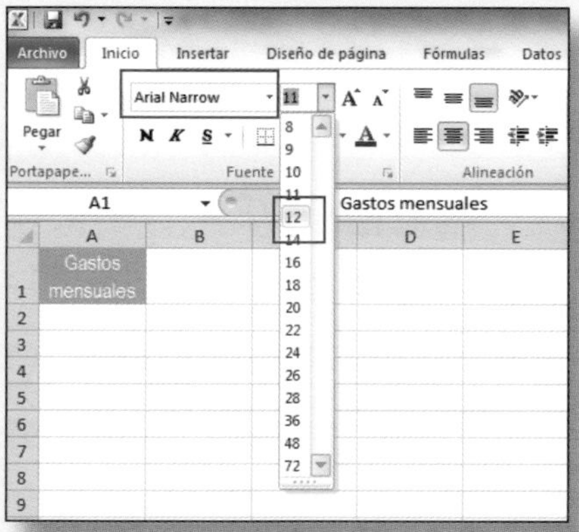

Figura 3.4. Cambie la fuente y su tamaño.

CAMBIAR EL ANCHO DE COLUMNA Y EL ALTO DE FILA

PRÁCTICA:

Pruebe ahora a ensanchar la columna B para dar cabida al texto y a disminuir el alto de la fila.

1. Haga clic en la intersección de las cabeceras de B y C, entre las dos columnas.

2. Cuando el cursor se convierta en una flecha de dos puntas horizontales, arrastre hacia la derecha hasta que quepa el texto. Si sobra espacio, haga clic de nuevo y arrastre hacia la izquierda para disminuir la columna .

3. Haga clic en la intersección de la cabeceras de 1 y 2, entre las dos filas.

4. Cuando el cursor se convierta en una flecha de dos puntas verticales, arrastre hacia arriba para disminuir la altura de la fila 1 hasta la altura de las restantes filas.

Nota: El comando Formato del grupo Celdas permite ajustar el alto de fila y el ancho de columna de forma automática, con los comandos Autoajustar alto de fila y Autoajustar ancho de columna

INSERTAR CELDAS, FILAS Y COLUMNAS

- Para insertar una celda, seleccione la celda junto a la cual quiere insertarla, haga clic en el comando Insertar del grupo Celdas y seleccione Insertar celdas. Seleccione el modo de desplazamiento de las demás celdas en el cuadro de diálogo que aparece a continuación.

PRÁCTICA:

Pruebe a insertar una columna delante de la que contiene la celda en la que hemos escrito anteriormente **Gastos mensuales**. La necesitamos para los rótulos de los gastos.

1. Seleccione la columna A haciendo clic en el encabezado.

2. Haga clic en el comando Insertar del grupo Celdas y seleccione Insertar columnas de hoja.

3. Aparecerá el botón **Opciones de inserción** con la forma de brocha del botón **Copiar formato** del grupo Portapapeles. Haga clic en la flecha para desplegar el menú y seleccione Borrar formato. Daremos otro formato a los textos de la nueva columna.

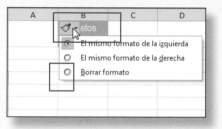

Figura 3.5. El botón Opciones de inserción permite copiar o no el formato a la columna insertada.

4. Escriba los textos de los gastos mensuales en las celdas A3 a A7, por ejemplo, **Alquiler**, **Luz**, **Gas**, **Teléfono** y **Varios**. Escriba las cifras correspondientes en las celdas B3 a B7. Quedará una fila en blanco como muestra la figura 3.6.

5. Seleccione las celdas de texto de la columna A y apliquéles un formato de texto.

6. Seleccione las celdas numéricas de la columna B y aplíqueles un formato de número.

	A	B	C
1		Gastos mensuales	
2			
3	Alquiler	400,00	
4	Luz	30,00	
5	Gas	40,00	
6	Teléfono	25,00	
7	Varios	80,00	
8			
9			

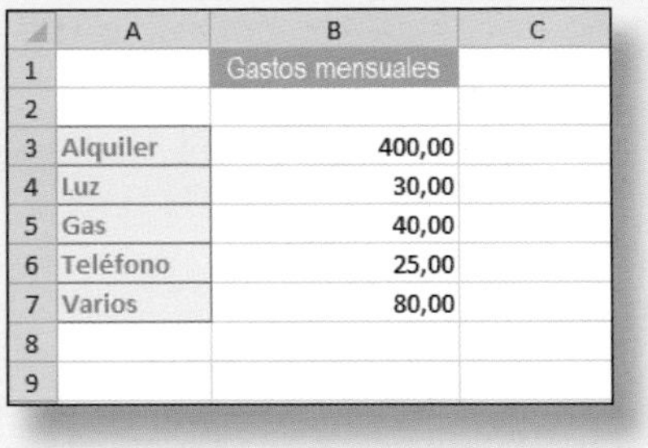

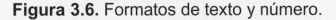

Figura 3.6. Formatos de texto y número.

- Para insertar una fila, seleccione la fila de debajo, haga clic en el comando Insertar y seleccione Insertar filas de hoja.
- Para insertar varias columnas o varias filas, siga haciendo clic en el comando Insertar columnas de hoja o Insertar filas de hoja.

Copiar formato

El botón **Copiar formato** permite copiar fácilmente un formato de una celda o grupo de celdas a otra u otras.

PRÁCTICA:

Pruebe a copiar el formato de las celdas numéricas al resto de la columna.

1. Haga clic en cualquiera de las celdas que contienen los gastos mensuales con formato de número.
2. Haga clic en el botón **Copiar formato** del grupo Portapapeles.

3. Haga clic con el cursor en forma de brocha en la primera celda en blanco de la columna B y arrastre varias filas hacia abajo para pegar el formato numérico.

4. Pruebe a escribir cualquier cifra en cualquiera de las celdas donde ha pegado el formato para comprobar que queda formateada de la misma manera.

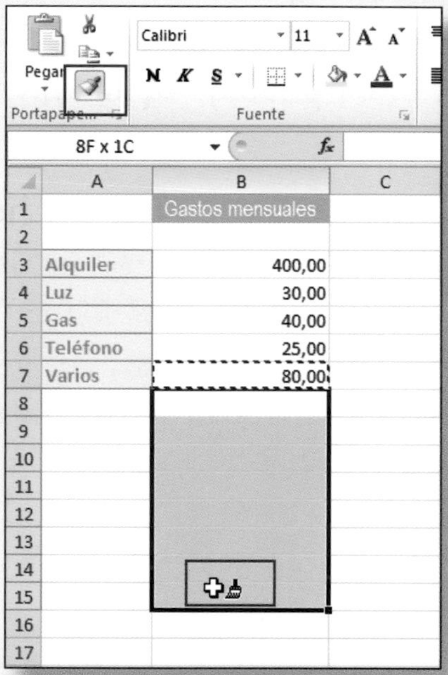

Figura 3.7. Arrastre para copiar el formato numérico a las restantes celdas.

SELECCIONAR CELDAS, RANGOS, FILAS Y COLUMNAS

El trabajo en Excel se aplica a la celda o celdas seleccionadas. Veremos la forma de seleccionar grupos de celdas para trabajar con ellas de forma agrupada.

Seleccionar celdas

- Para seleccionar una celda, simplemente hay que hacer clic en ella.

- Para seleccionar un grupo de celdas adyacentes, haga clic en la primera y arrastre el ratón hasta la última sin dejar de presionar el botón. También puede hacer clic en la primera celda, pulsar la tecla **Mayús** y hacer clic en la última sin dejar de presionar la tecla.

- Para seleccionar un grupo de celdas no adyacentes, pulse la tecla **Control** y haga clic en cada una de las celdas a seleccionar.

- Para seleccionar todas las celdas de la hoja de cálculo haga clic en el cuadro en el que se intersecan los encabezados de las columnas y los de las filas.

- Para quitar una selección, haga clic en cualquier lugar en blanco de la hoja de cálculo.

Seleccionar rangos

Un rango es un conjunto de celdas contiguas que se denomina con la referencia de la primera y la última celdas, separadas por dos puntos. Por ejemplo, el rango que abarca las celdas comprendidas entre la A1 y la B7, donde hemos insertado los gastos mensuales, se denomina A1:B7.

PRÁCTICA:

Pruebe a seleccionar un rango de celdas.

1. Haga clic en el Cuadro de nombres y escriba **A1:B7**. Recuerde que también puede seleccionar el rango arrastrando el ratón o utilizando la tecla **Mayús**.

Seleccionar filas

- Para seleccionar una fila, aproxime el puntero del ratón a la cabecera, la celda donde aparece el número de la fila.

  Cuando el cursor se convierta en una flecha que apunta a la derecha, haga clic.

- Para seleccionar varias filas contiguas, aproxime el ratón al encabezado de la primera y haga clic cuando el cursor se convierta en flecha.

  Seguidamente, arrastre el ratón hasta la última fila a seleccionar.

- Para seleccionar varias filas no contiguas, mantenga presionada la tecla **Control** y haga clic en el encabezado de cada una, cuando el cursor se convierta en flecha a la derecha.

Seleccionar columnas

- Para seleccionar una columna, aproxime el ratón al encabezado, donde aparece la letra de la columna. Cuando el cursor se convierta en una flecha que apunta abajo, haga clic.

- Para seleccionar varias columnas contiguas, aproxime el ratón a la cabecera de la primera y haga clic cuando el cursor se convierta en flecha.

  A continuación, arrastre el ratón hasta la última columna a seleccionar.

- Para seleccionar varias columnas no contiguas, mantenga presionada la tecla **Control** y haga clic en la cabecera de cada una, cuando el cursor se convierta en flecha a la derecha.

ELIMINAR CONTENIDOS, CELDAS, RANGOS, FILAS Y COLUMNAS

Eliminar una celda, fila o columna no es lo mismo que borrar su contenido. Si elimina el contenido, la celda, fila o columna seguirá en su lugar, aunque en blanco.

- Para eliminar el contenido de una celda o grupo de celdas, selecciónelas y pulse la tecla **Supr**.

- Para eliminar el contenido de una fila o columna, haga clic con el botón derecho del ratón en la cabecera, donde aparece el número de la fila o la letra de la columna, y seleccione la opción Borrar contenido en el menú contextual.

- Para eliminar una celda o un grupo de celdas, hay que seleccionarlas, hacer clic en el comando Eliminar del grupo Celdas y seleccionar Eliminar celdas, eligiendo la forma en que han de desplazarse la celdas restantes en el cuadro de diálogo.

- Para eliminar filas o columnas, hay que seleccionarlas y hacer clic en Eliminar>Eliminar filas de hoja o Eliminar columnas de hoja.

PRÁCTICA:

Pruebe a eliminar una celda.

1. Haga clic en la celda B2 la que, en la figura 3.6 separa el rótulo Gastos mensuales de la primera cifra. Si no tiene esa fila en blanco, pruebe a insertarla.

2. Haga clic en Eliminar y seleccione Eliminar celdas.

3. En el cuadro de diálogo Eliminar celdas seleccione la opción Desplazar las celdas hacia arriba.

4. La hoja quedará como puede ver en la figura 3.8, con las celdas numéricas desplazadas una celda arriba de las de texto.

5. Haga clic en el botón **Deshacer** de la barra de herramientas de acceso rápido para devolver a las celdas su posición anterior. Vuelva a seleccionar la celda anterior y ahora haga clic en Eliminar y seleccione Eliminar filas de hoja. La fila en blanco desaparecerá completa.

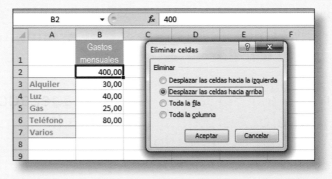

Figura 3.8. Al borrar una celda, las restantes quedan desplazadas.

COPIAR, CORTAR Y PEGAR FILAS Y COLUMNAS

Copiar, cortar y pegar filas y columnas es similar a copiar, cortar y pegar celdas como hicimos en el capítulo 2. Hay que seleccionarlas y utilizar los comandos y botones del grupo Portapapeles de la ficha Inicio.

El Portapapeles de Office (si está abierto) admite una celda, un grupo de celdas, filas o columnas hasta completar 24 elementos. Si no está abierto, solamente podrá copiar un elemento a la vez.

Nota: También puede utilizar el teclado para copiar, cortar y pegar. Para copiar, pulse a la vez las teclas **Control-C**, para cortar, **Control-X** y, para pegar, **Control-V**.

Mover filas y columnas

Mover una fila o una columna equivale a cortarla y pegarla en otro lugar. En ambos casos desaparece el original y aparece en otro sitio.

- Para mover una fila, haga clic en el encabezado, donde aparece el número. Aproxime el ratón a la intersección con la fila anterior o siguiente y cuando el cursor se convierta en una flecha de cuatro puntas, arrastre hacia arriba o hacia abajo hasta el lugar que desee.

- Para mover una columna, haga clic en el encabezado, donde aparece la letra. Aproxime el ratón a la intersección del encabezado con la primera celda de la columna y cuando el cursor se convierta en una flecha de cuatro puntas, arrastre hacia la derecha o hacia la izquierda hasta el lugar que desee.

4

EL TRABAJO CON FÓRMULAS

Las fórmulas representa una de las principales tareas que se pueden llevar a cabo con Microsoft Excel. A lo largo de este capítulo aprenderá a trabajar con fórmulas y funciones sencillas. Después podrá experimentar con otras más complejas si lo desea.

LAS FUNCIONES

Las funciones de Excel 2010 se encuentran recogidas dentro del cuadro de diálogo Insertar función al que se puede acceder haciendo clic en el comando Insertar función de la barra de fórmulas.

PRÁCTICA:

Pruebe a aplicar la función Suma al ejemplo anterior de los gastos mensuales.

1. En primer lugar, haga clic en la celda A8 de la hoja de cálculo y escriba **Total**.

2. Haga clic en la celda B8 para seleccionarla y colocar el total en ella.

3. Haga clic en el botón **Suma** del grupo Modificar de la ficha Inicio. Muestra la letra Sigma y está marcado en la figura 4.1.

4. A continuación, pulse la tecla **Intro** para poder terminar la suma.

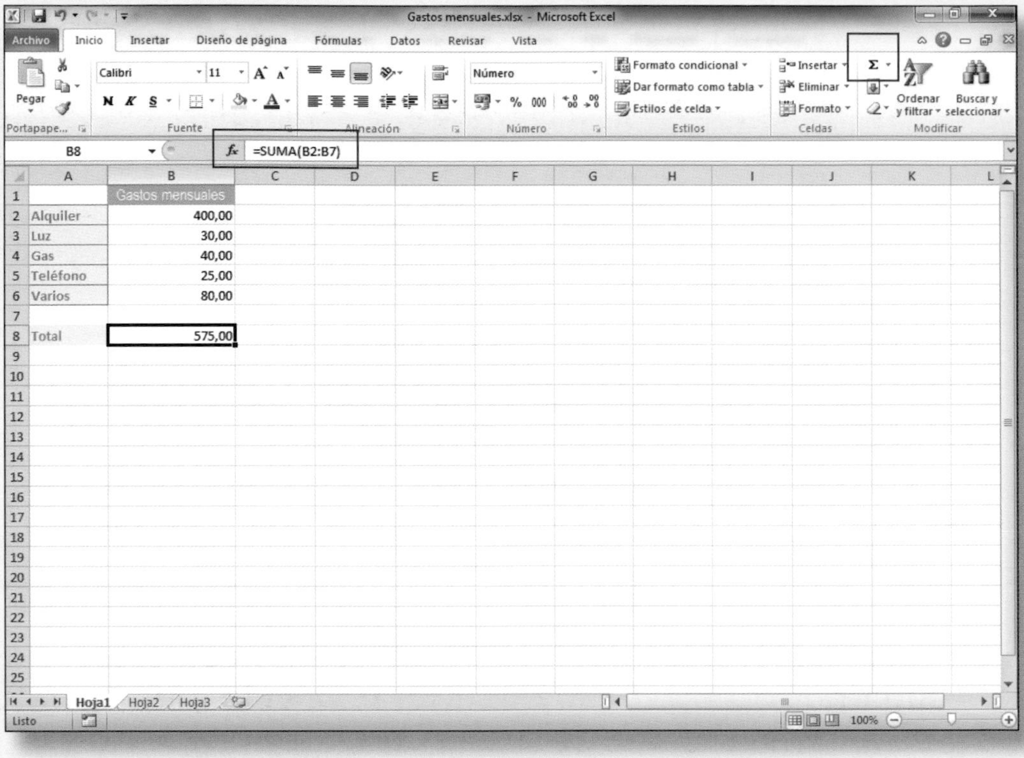

Figura 4.1. La función Suma realiza la suma
automática de las celdas numéricas.

CREAR FÓRMULAS

Observe la figura 4.1. La barra de fórmulas muestra la fórmula
de la suma que ha creado la función Suma. Se compone del
signo = que inicia todas las fórmulas y la función Suma seguida
de un paréntesis que incluye el rango de celdas a sumar.

PRÁCTICA:

Pruebe a escribir la fórmula de la suma.

1. Haga clic en la celda B9.
2. Escriba el signo = (igual) y después la palabra **suma**.

3. Abra un paréntesis y haga clic en la primera celda a sumar, B2.

4. Escriba **:** (dos puntos) y haga clic en la última celda a sumar, B6.

5. Cierre el paréntesis y pulse la tecla **Intro**. Obtendrá el mismo resultado que la función Suma de Excel.

PRÁCTICA:

Pruebe a complicar la fórmula anterior, por ejemplo, para calcular los gastos anuales.

1. Haga clic en la celda B9. Ya no nos interesa esta suma puesto que se encuentra en la celda B8. Bórrela pulsando la tecla **Supr**.

2. Haga clic en la celda A10 y escriba el texto, por ejemplo, **Total anual**. Normalmente, Excel aplicará el formato de las celdas de texto anteriores. Si no es así, puede copiarlo como vimos en el capítulo anterior.

3. A continuación, haga clic en la celda B10 para crear la nueva fórmula.

4. Escriba el signo = para iniciarla y haga clic en la celda B8 que contiene la fórmula de la suma.

5. Escriba * (asterisco) que es signo de la multiplicación y a continuación escriba el número **12**.

6. Pulse **Intro**. La celda B10 mostrará el total y la barra de fórmulas mostrará la nueva fórmula. El resultado llevará el formato de las celdas numéricas anteriores, con dos decimales y el punto de separación de millares.

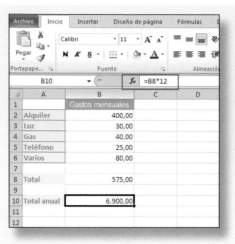

Figura 4.2. La nueva fórmula.

 **Nota:** Si quiere ver la fórmula en la celda que la contiene, en lugar de ver el resultado, haga doble clic sobre ella. Pulse la tecla **Esc** para salir.

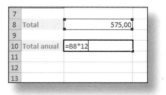

Figura 4.3. Haga doble clic sobre la celda que contiene la fórmula para verla.

El paréntesis

Excel calcula primero todo lo que vaya encerrado entre paréntesis. Si quiere multiplicar, dividir o aplicar una función a una suma o a cualquier otra fórmula, recuerde encerrarla entre paréntesis.

PRÁCTICA:

Pruebe a hallar el IVA de una suma, utilizando las cifras de los gastos mensuales.

1. Haga clic en la celda B2 y arrastre el ratón hasta la celda B6 para seleccionar el rango.

2. Pulse las teclas **Control-C**.

3. Haga clic en otra celda de la hoja, por ejemplo, D2 y pulse las teclas **Control-V**.

4. Una vez copiadas las cifras, haga clic en la celda que contendrá la fórmula del IVA, por ejemplo, la D8, y escriba **=suma(D2:D6)*16%**.

5. Pulse **Intro**.

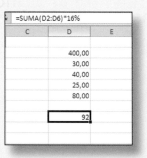

Figura 4.4. La barra de fórmulas muestra la fórmula del IVA.

Editar con la barra de fórmulas

La barra de fórmulas muestra siempre la fórmula contenida en la celda activa. Se comporta como un cuadro de texto y permite editar en ella cualquier fórmula. Para editar una fórmula en la barra de fórmulas, solamente tiene que hacer clic en ella y después utilizar las teclas **Flecha dcha.** y **Flecha izda.** para desplazarse. Puede escribir, borrar y modificar datos.

PRÁCTICA:

Practique la edición con la barra de fórmulas:

1. Haga clic en una celda en blanco y escriba el signo = para iniciar la fórmula.

2. A continuación, escriba **10**, pulse la tecla **+** y seguidamente, escriba **4**.

3. Pulse **Intro**. La celda mostrará el resultado de **14** y la barra de fórmulas mostrará **=10+4**.

4. Haga clic en la celda que contiene la suma y luego en la barra de fórmulas.

5. Pulse la tecla **Flecha izda**. una vez. El punto de inserción quedará entre el signo de sumar y el número **4**.

6. Seguidamente, pulse al mismo tiempo la tecla **Mayús** y la tecla **Flecha izda.** El punto de inserción avanzará hacia la izquierda y el signo de la suma quedará seleccionado.

7. Escriba el signo de restar **-** y pulse **Intro**.

8. Vuelva a seleccionar la celda de la fórmula y la barra de fórmulas.

9. Haga clic delante del número **10** en la barra de fórmulas. Arrastre el ratón para seleccionar los dos dígitos y el signo de restar.

10. Escriba otra cifra, por ejemplo, **8** y otro signo, por ejemplo, **/**.

11. Pulse **Intro**.

PRÁCTICA:

Pruebe a realizar el cálculo de los gastos mensuales en 12 meses utilizando la barra de fórmulas.

1. Haga clic en la celda B8, la que contiene la fórmula de la suma y observe la barra de fórmulas, donde aparece **=SUMA(B2:B7)**. La B7 está en blanco pero Excel la seleccionó para la suma automática.
2. Haga clic en la barra de fórmulas situe el punto de inserción al final de la fórmula, detrás del paréntesis.
3. Escriba *12.
4. Pulse **Intro**.
5. Observe la fórmula anterior de la multiplicación, la de la celda B10. Se ha modificado el resultado, hemos cambiado la celda B8. Haga de nuevo clic en la barra de fórmulas para borrar la expresión *12 que ha añadido.
6. Sitúe el punto de inserción al final de la forma y pulse tres veces la tecla **Retroceso** para borrar los tres últimos caracteres.

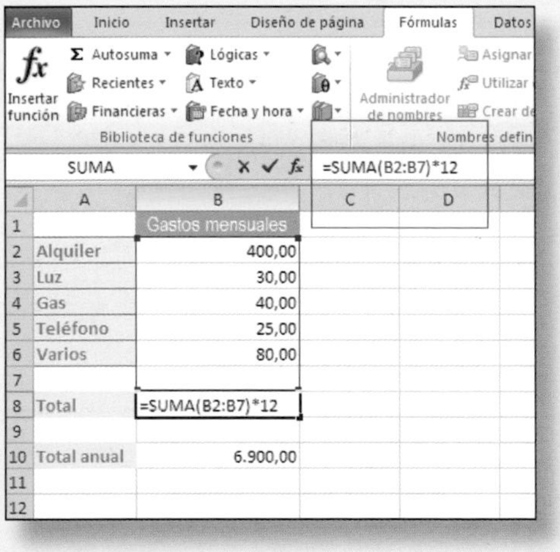

Figura 4.5. La barra de fórmulas se comporta como un cuadro de texto o una celda.

Nota: Cuando esté modificando una fórmula y quiera descartar los cambios, pulse la tecla **Esc** o haga clic en el botón **Cancelar** de la barra de fórmulas. Muestra un aspa y solamente aparece cuando se edita una fórmula. Si quiere volver atrás cuando haya finalizado los cambios, utilice el botón **Deshacer** de la barra de herramientas de acceso rápido. Recuerde que el botón **Rehacer** rehace lo deshecho.

LOS NOMBRES

Denominar una celda o un rango facilita mucho el trabajo porque se pueden crear fórmulas utilizando el nombre en lugar de las referencias de las celdas o los rangos.

PRÁCTICA:

Pruebe a dar nombre a las cifras y fórmulas de los gastos mensuales.

1. Seleccione las cifras de los gastos haciendo clic en B2 y arrastrando hasta B6.

2. Haga clic en la pestaña Fórmulas y después en el comando Asignar nombre, en el grupo Nombres definidos. Véalo en la figura 4.6.

3. En el cuadro de diálogo Nombre nuevo observe el nombre que ha asignado Excel al rango. Si lo desea, puede cambiarlo escribiendo encima.

4. Haga clic en **Aceptar**. El nuevo nombre aparecerá en el Cuadro de nombres.

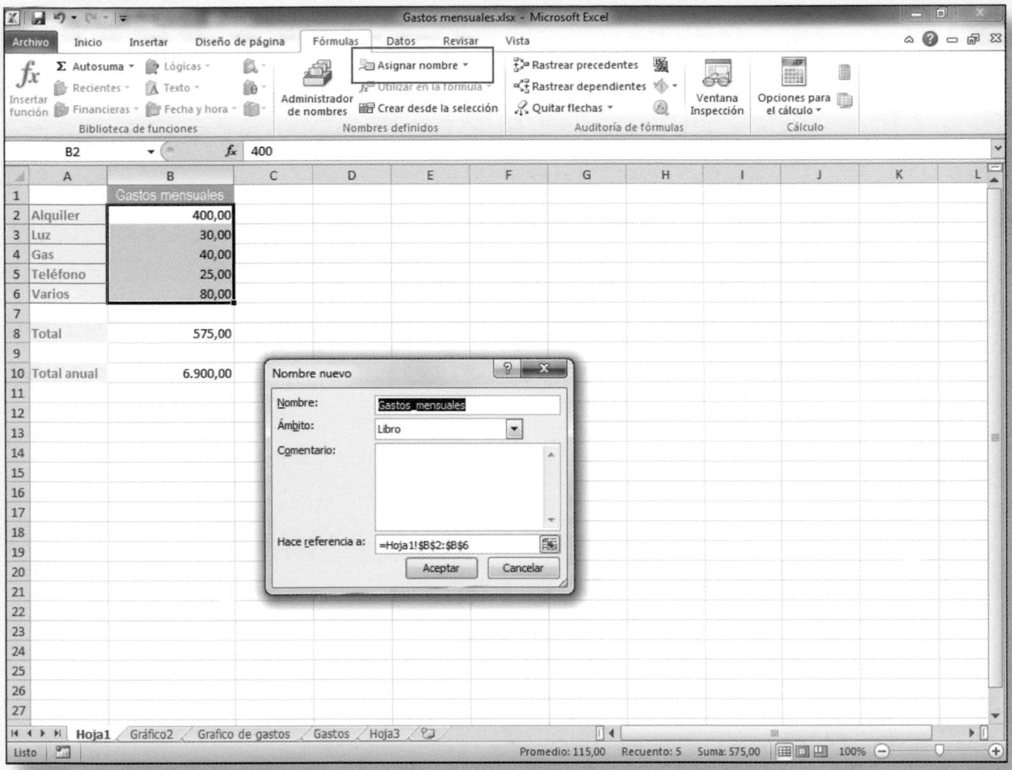

Figura 4.6. El cuadro de diálogo Nombre nuevo.

5. Haga clic en la celda B8 que contiene la fórmula de la suma.

6. Haga clic en Asignar nombre y escriba el nombre **Total_mensual** en el cuadro de diálogo Nombre nuevo. Recuerde que los nombres compuestos deben ir unidos por guión bajo.

7. Haga clic en **Aceptar**.

8. Repita la operación con la celda B10 con el nombre **Total_anual**.

Si es preciso, también puede modificar o eliminar el nombre de una celda o rango:

- Para eliminar un nombre hay que hacer clic en el comando Administrador de nombres, en el grupo Nombres definidos de la ficha Fórmulas. En el cuadro de diálogo Administrador de nombres, hay que hacer clic en el nombre a borrar y después en el botón **Eliminar**.

- Para modificar un nombre, hay que seleccionarlo en el cuadro de diálogo Administrador de nombres y hacer clic en el botón **Editar**. En el cuadro de diálogo Editar nombre, hay que escribir el nuevo nombre encima del actual.

El comando Ir a

El comando Ir a es útil para localizar una fórmula, rango o posición en una hoja de cálculo larga y compleja.

PRÁCTICA:

Aprenda a utilizar el comando Ir a.

1. Haga clic en la pestaña Hoja 2 del libro de trabajo, para ir a otra hoja del libro en blanco.

2. Suponga que su libro está repleto de hojas y éstas de cifras y fórmulas. Vaya a la ficha Inicio, haga clic en el comando Buscar y reemplazar del grupo Modificar y seleccione Ir a en el menú desplegable.

3. Observe el cuadro de diálogo Ir a. Muestra todos los nombres asignados en el libro de trabajo. Haga clic en el nombre al que quiera ir, por ejemplo, Total_mensual. Haga clic en **Aceptar**.

4. Para ir a una celda o rango sin denominar, escriba la referencia en la casilla Referencia y haga clic en **Aceptar**.

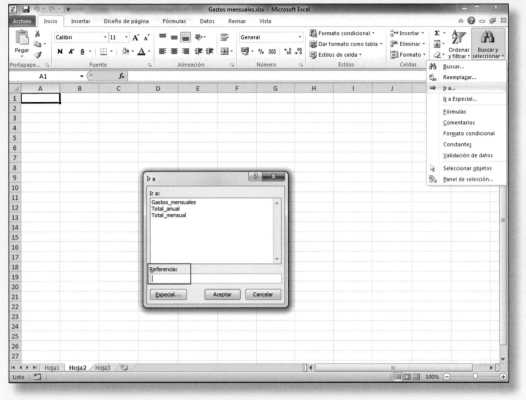

Figura 4.7. El cuadro de diálogo Ir a permite acceder rápidamente a una celda o rango.

Crear fórmulas con nombres

Una vez asignados los nombres, es más fácil operar con los datos desde cualquier lugar de la hoja o del libro.

PRÁCTICA:

Pruebe a copiar una celda utilizando el nombre.

1. Haga clic en cualquier celda en blanco de la Hoja 2 del libro Excel.

2. Escriba el signo = y a continuación el nombre de la celda, **total_anual**.

3. Pulse **Intro**. Obtendrá el resultado en la celda de destino, pero la barra de fórmulas no mostrará la fórmula, sino el nombre con el signo =. Es la nueva fórmula. Tampoco obtendrá el formato de la celda copiada.

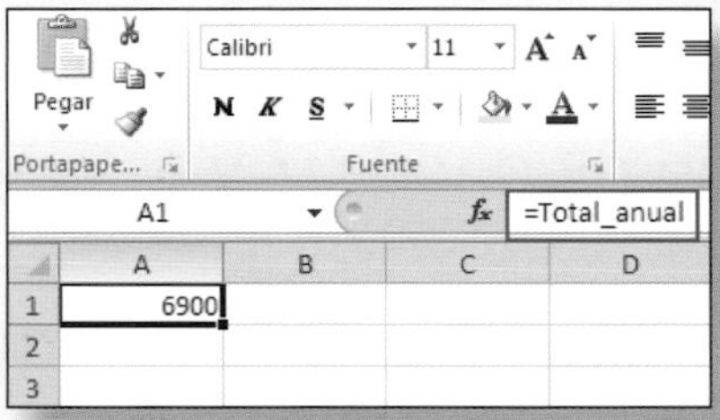

Figura 4.8. La barra de fórmulas muestra el nombre con el signo =.

Observe la figura 4.8. La nueva fórmula incluye un nombre y opera con el resultado de ese nombre. Si modifica la celda de origen, B10, se modificará la celda copiada.

PRÁCTICA:

Pruebe a modificar la fórmula de la celda B8.

1. Haga clic en la celda B8 de la Hoja 1 para seleccionarla y después haga clic en la barra de fórmulas.

2. Escriba el signo de la división **/** (barra) seguido del número **2** a continuación de la fórmula

3. Pulse **Intro**. La división de la celda B8 habrá modificado el resultado de la B10 y, con ello, se habrá modificado la celda que copió utilizando su nombre en la Hoja 2.

PRÁCTICA:

Pruebe a crear una fórmula empleando nombres. Suponga que quiere conocer el porcentaje que representa el alquiler sobre el total mensual de gastos.

1. Haga clic en la celda C2 y escriba el signo =.
2. Haga clic en la celda B2 que contiene la cifra de alquiler.
3. Escriba el signo de dividir **/** y a continuación **total_ mensual**.
4. Pulse **Intro**. La barra de fórmulas mostrará **=B2/ Total_mensual**.
5. Haga clic en la celda C2 que contiene el porcentaje y aplíquele el formato porcentual haciendo clic en el botón **Estilo porcentual** del grupo Número de la ficha Inicio.

COPIAR, CORTAR Y PEGAR FÓRMULAS

Al copiar, cortar y pegar fórmulas, Excel utiliza las referencias relativas de las celdas, es decir, la posición relativa de la celda que contiene la fórmula respecto a la celda a la que se refiere. Por eso, al cambiar la posición de la celda que contiene la fórmula, la referencia se modifica. Al copiar celdas, filas o columnas, la referencia se ajusta automáticamente.

PRÁCTICA:

Pruebe a copiar celdas con fórmulas, para hallar el porcentaje que representa el gasto de luz sobre el total mensual.

1. Haga clic en la celda C2 que contiene la fórmula **=B2/ Total_mensual**.

2. Haga clic en el comando **Copiar** o pulse **Control-C**.

3. Haga clic en la celda C3 y pulse **Control-V** o haga clic en Pegar.

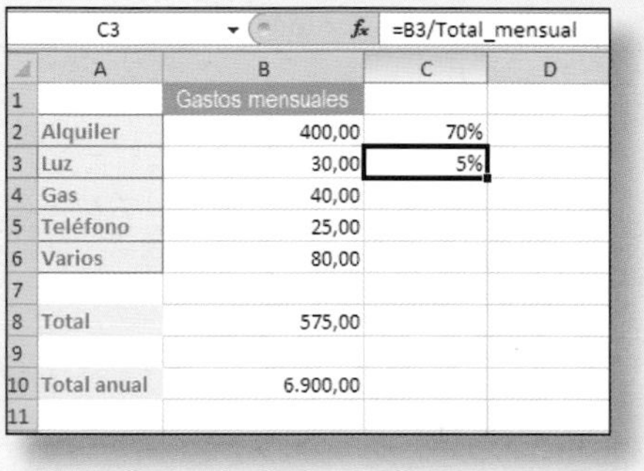

Figura 4.9. Excel utiliza referencias relativas para poder copiar fórmulas.

Observe que la barra de fórmulas muestra **=B3/Total_ mensual**. Excel ha empleado la referencia relativa, no la absoluta. Si por el contrario, hubiera utilizado la referencia absoluta, la fórmula sería **=B2/Total_mensual**, que es la fórmula que ha copiado. El resultado sería el mismo que el anterior y no habría arrojado el porcentaje del gasto de luz, sino nuevamente el de alquiler.

Copiar fórmulas con el controlador de relleno

PRÁCTICA:

Pruebe ahora a copiar la fórmula a las restantes celdas para obtener los porcentajes de los demás gastos.

1. Haga clic en la celda C3 y obsérvela. En la esquina inferior izquierda tiene un pequeño cuadrado. Es el controlador de relleno. Aproxime el ratón y el cursor se convertirá en un signo más **+**.

2. Haga clic y arrastre hacia abajo el ratón con el cursor en forma de signo **+** hasta la celda C6. Excel copiará la fórmula adecuando la referencia a cada caso. Así, la celda C6 contendrá la fórmula **=B6/Total_mensual**.

3. Al terminar de copiar, podrá ver el botón **Opciones de autorrelleno**. Haga clic en él para desplegar el menú que muestra la figura 4.10.

4. Si ha formateado la primera celda como porcentaje, podrá elegir copiar o no el formato.

	H7		f_x			
	A	B	C	D	E	F
1		Gastos mensuales				
2	Alquiler	400,00	70%			
3	Luz	30,00	5%			
4	Gas	40,00	7%			
5	Teléfono	25,00	4%			
6	Varios	80,00	14%			
7						
8	Total	575,00		Copiar celdas		
9				Rellenar formatos sólo		
10	Total anual	6.900,00		Rellenar sin formato		
11						
12						

Figura 4.10. El controlador de relleno permite copiar celdas, fórmulas y formatos.

Nota: Si tiene que copiar una fórmula, puede elegir entre utilizar los comandos **Copiar** y **Pegar** o arrastrar el controlador de relleno hacia la derecha o hacia la izquierda. Excel aplicará las referencias relativas de la misma forma.

Cortar y pegar fórmulas

Para cortar y pegar una fórmula, seleccione la celda que la contiene y haga clic en el botón **Cortar** o pulse **Control-X**. Después haga clic en la celda de destino y pulse **Control-V**. El resultado será igual a copiar y pegar, con el empleo de referencias relativas, pero la fórmula original desaparecerá.

Copiar series con el controlador de relleno

El controlador de relleno permite también copiar series de texto.

PRÁCTICA:

Pruebe a copiar una serie de días de la semana.

1. Escriba **lunes** en cualquier celda y acerque el ratón al controlador de relleno.
2. Haga clic y arrastre hacia la derecha. Las celdas se irán rellenando con los nombres de los siguientes días de la semana. Después del domingo, se iniciará de nuevo la secuencia.

Las opciones de pegado y el pegado especial

PRÁCTICA:

Pruebe a copiar datos de la Hoja 1 a la Hoja 2 del libro.

1. Seleccione el rango A2:B10, haciendo clic en A2 y arrastrando hasta B10.
2. Haga clic en el botón **Copiar** o pulse **Control-C**.

3. Haga clic en la pestaña Hoja 2 para pegar los datos.

4. Haga clic en la flecha abajo del comando Pegar para desplegar el menú de la figura 4.11. Acerque el ratón a cada una de las opciones para ver el resultado. Haga clic en Transponer, en el grupo Pegar valores.

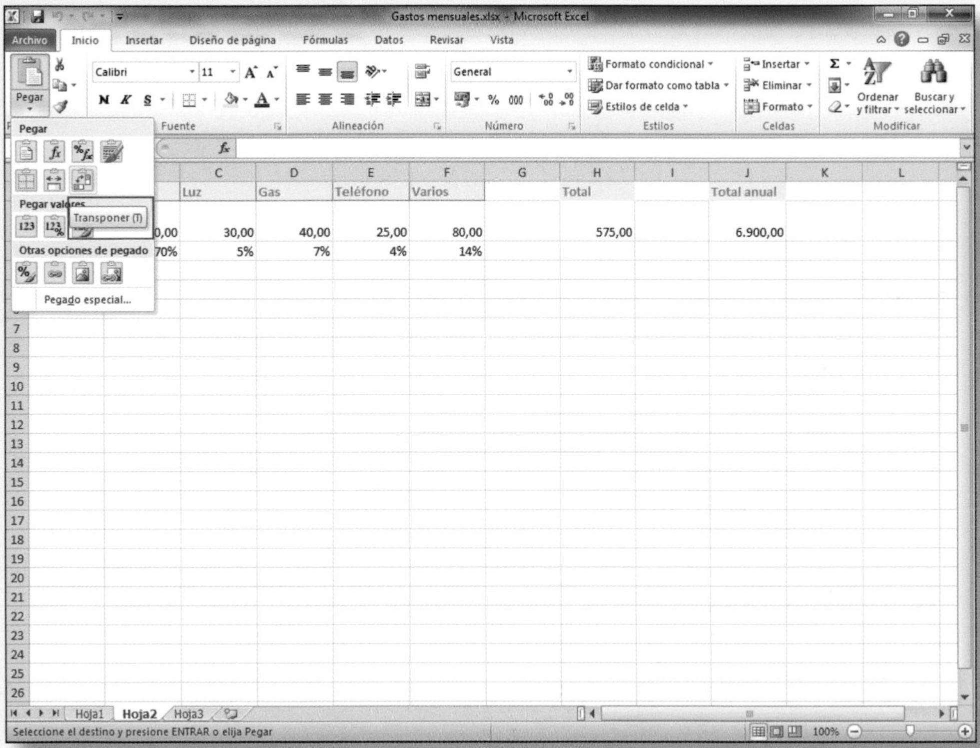

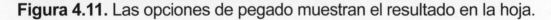

Figura 4.11. Las opciones de pegado muestran el resultado en la hoja.

PRÁCTICA:

Termine los datos de la nueva hoja de cálculo. Como hemos copiado los datos al principio de la hoja, tendremos que insertar una columna en blanco a la izquierda para las celdas de texto.

1. Haga clic en la celda A1 y seleccione el comando Insertar y a continuación Columnas de hoja.

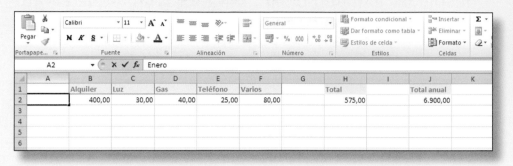

Figura 4.12. Hay que insertar una columna a la izquierda para los títulos de las filas.

2. Haga clic en la celda A2 y escriba **Enero**. Supongamos por ejemplo que las cifras de gastos corresponden al mes de enero.

3. Arrastre el controlador de relleno hacia abajo hasta completar los 12 meses. Observe que la información de herramientas le irá mostrando los meses a medida que arrastra.

4. Escriba cifras para cada mes para los cinco conceptos. Como el concepto **Alquiler** no varía, puede copiarlo con el controlador de relleno. Los conceptos **Luz**, **Gas** y **Teléfono** pueden ser bimensuales.

5. Haga clic en la suma mensual y arrastre la fórmula hasta el final.

6. Escriba **Totales** en la fila A15 y haga clic en la celda B15 para la suma.

7. Escriba la fórmula **=suma(B2:B13)**.

8. Arrastre la fórmula de la suma hacia la derecha hasta la celda H15.

9. El resultado de H15 (G15 será igual a 0 porque no hemos puesto cifras) es el total anual. Haga clic en la celda J2 que muestra el total anual antiguo (los gastos de un mes multiplicados por doce), escriba = y haga clic en H15 para copiar el resultado correcto.

PRÁCTICA:

A continuación, copie el formato de texto a las celdas que contienen los nombres de los meses.

1. Haga clic en la celda B1 que contiene la etiqueta **Alquiler**.

2. Haga clic en el botón **Copiar** y después haga clic en la celda A2 que contiene la etiqueta **Enero**.

3. Haga clic en la flecha abajo del comando Pegar para desplegar el menú y seleccione Pegado especial. Es la última opción del menú.

4. En el cuadro de diálogo Pegado especial haga clic en el botón de opción Formatos, en el grupo Pegar y haga clic en **Aceptar**.

5. Una vez que haya copiado el formato a la celda A2, haga clic y arrastre hasta el final. Haga clic en el botón **Opciones de autorrelleno** y seleccione la opción Formatos solo. De esta forma, el formato se copiará hasta la celda que indica **Totales**. Si no selecciona está opción, Excel creará los meses enero y febrero a continuación de diciembre, al entender que es una serie.

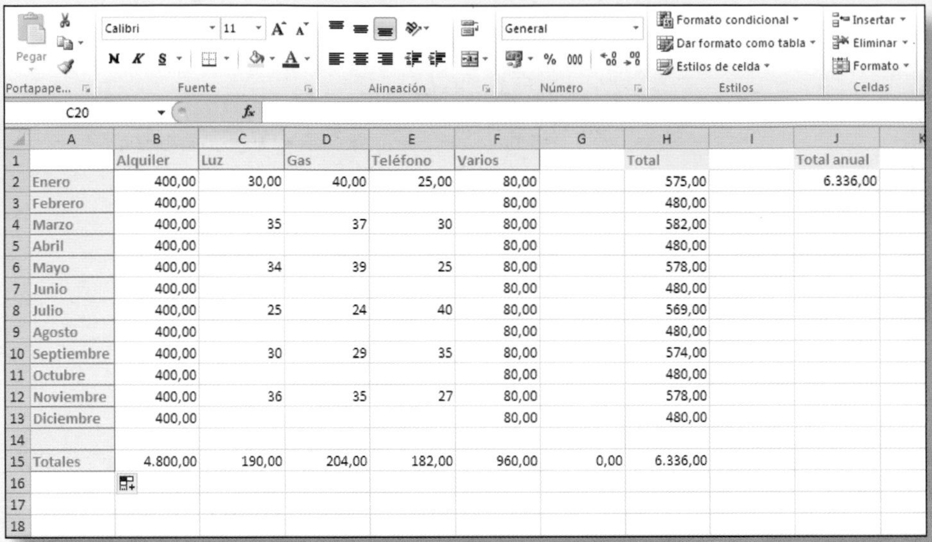

	A	B	C	D	E	F	G	H	I	J
1		Alquiler	Luz	Gas	Teléfono	Varios		Total		Total anual
2	Enero	400,00	30,00	40,00	25,00	80,00		575,00		6.336,00
3	Febrero	400,00				80,00		480,00		
4	Marzo	400,00	35	37	30	80,00		582,00		
5	Abril	400,00				80,00		480,00		
6	Mayo	400,00	34	39	25	80,00		578,00		
7	Junio	400,00				80,00		480,00		
8	Julio	400,00	25	24	40	80,00		569,00		
9	Agosto	400,00				80,00		480,00		
10	Septiembre	400,00	30	29	35	80,00		574,00		
11	Octubre	400,00				80,00		480,00		
12	Noviembre	400,00	36	35	27	80,00		578,00		
13	Diciembre	400,00				80,00		480,00		
14										
15	Totales	4.800,00	190,00	204,00	182,00	960,00	0,00	6.336,00		
16										
17										
18										

Figura 4.13. Así debe quedar la Hoja 2.

PRÁCTICA:

El botón **Suma** tiene un menú que se despliega haciendo clic en la flecha abajo con funciones como Promedio, Contar, etc. Si quiere probarlas, haga lo siguiente:

1. Haga clic en la celda H14 para situar en ella los resultados.
2. Seguidamente, haga clic en el botón **Suma** y seleccione Promedio.
3. Pulse **Intro**. Obtendrá la cifra promedio de los gastos mensuales.
4. A continuación, haga clic en el botón **Suma** y seleccione Máx.
5. Pulse **Intro**. Obtendrá el valor máximo de gastos.

Σ	Suma
	Promedio
	Contar números
	Máx
	Mín
	Más funciones...

Figura 4.14. Las funciones del botón Suma.

Nota: Observe que Excel ha seleccionado las celdas que se encuentran encima de la que ha de mostrar el resultado. Si no tiene una celda en blanco debajo de la lista de gastos o quiere obtener el promedio, el máximo, etc. en una celda diferente, recuerde seleccionar las celdas con las que Excel debe operar.

EL TRABAJO CON LIBROS Y HOJAS DE CÁLCULO

Excel abre un nuevo libro de trabajo en blanco cada vez que se pone en marcha.

Cada libro contiene de forma predeterminada tres hojas de cálculo, pero esta cifra se puede modificar.

GUARDAR UN LIBRO DE TRABAJO

Antes de crear un nuevo libro, guardaremos el que hemos utilizado en las prácticas anteriores. La primera vez que guarde un libro, Excel presentará el cuadro de diálogo Guardar como para que elija un nombre y una ubicación. De forma predeterminada, lo guardará en la carpeta Documentos con el nombre Libro1.xlsx.

La siguiente vez que guarde el libro, deberá hacer clic en la pestaña Archivo y en la opción Guardar como, si quiere modificar el nombre o la ubicación.

Si hace clic en el botón **Guardar** de la barra de herramientas de inicio rápido, Excel lo guardará con el nombre que tenga y en el lugar en que lo haya guardado anteriormente.

PRÁCTICA:

Guarde el libro que contiene los gastos mensuales:

1. Haga clic en el botón **Guardar** de la barra de herramientas de inicio rápido.

2. En el cuadro de diálogo Guardar como, escriba **Gastos mensuales** en la casilla Nombre de archivo. Si desea cambiar la carpeta, localícela en la zona de la izquierda.

3. Haga clic en **Guardar**.

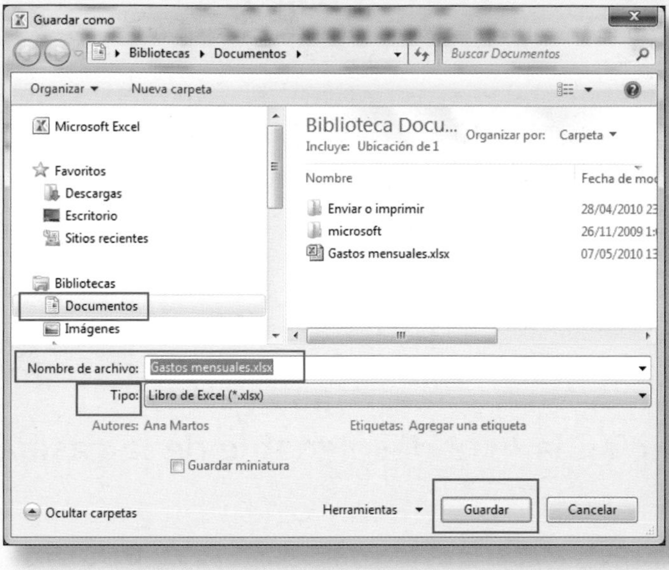

Figura 5.1. El cuadro de diálogo Guardar como y sus opciones.

ABRIR UN LIBRO GUARDADO

Para abrir un libro de trabajo, haga clic en la pestaña Archivo y seleccione la opción Abrir en la vista Backstage. Localice el libro en la carpeta, y haga clic en **Abrir**.

La compatibilidad

Si abre un libro guardado con una versión anterior de Excel, por ejemplo, Excel 2007 o Excel 2003, Excel 2010 lo abrirá en modo de compatibilidad, lo que podrá ver en la barra de título. Si se trata de un libro pequeño y simple, lo más probable es que no tenga problema alguno, pero si es grande y complejo, dado que las versiones anteriores de Excel trabajaban con menos filas y columnas que la nueva versión, es probable que encuentre alguna dificultad. En tal caso, haga clic en la pestaña Archivo y después en el botón **Convertir** de la ficha Información de la vista Backstage.

Esto convertirá el libro de Excel 2003 ó 2007 en libro de Excel 2010. Entonces podrá trabajar sin problemas. Si quiere asegurarse, haga clic en el botón **Comprobar si hay problemas**, situado más abajo que el botón **Convertir**.

Cuando lo guarde, Excel lo hará en la nueva versión, pero si desea guardarlo en la antigua, por ejemplo, porque trabaja con él una persona que no dispone de Excel 2010, haga clic en la pestaña Archivo y seleccione Guardar como. En el cuadro de diálogo Guardar como, haga clic en la lista desplegable de la casilla Tipo y seleccione Libro de Excel 2003-2007.

Si se trata de una versión muy antigua, es posible que Excel abra el libro en modo de sólo lectura, es decir, que no le permitirá modificarlo ni guardarlo. En tal caso, puede o no convertirlo, pero guárdelo con otro nombre, escribiendo el nuevo nombre en la casilla Nombre de archivo del cuadro de diálogo Guardar como.

Abrir un libro reciente

Si hace poco que ha utilizado el libro que va a abrir, haga clic en la opción Reciente de la vista Backstage. Encontrará en ella los últimos libros que haya abierto.

Recuperar un documento no guardado

Si ha trabajado con un documento y Windows se ha cerrado sin haber guardado el documento, por ejemplo, por un corte de luz o un conflicto, Excel guardará la versión no guardada del documento y podrá encontrarlo en las fichas Recientes, información de la vista Backstage.

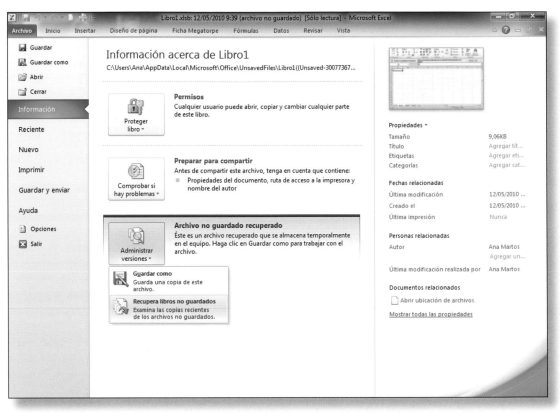

Figura 5.2 La ficha Información indica que se trata de un documento recuperado sin guardar.

Nota: Para que Excel mantenga todos los documentos no guardados es totalmente imprescindible que esté activada la función Autorrecuperación que está habilitada de forma predeterminada. Puede comprobarlo haciendo clic en la pestaña Archivo, seleccionando Opciones y haciendo clic en la opción Guardar del cuadro de diálogo Opciones de Excel. Observe que las casillas de verificación correspondientes están marcadas, especial- mente Conservar la última versión autoguardada cuando se cierra sin guardar.

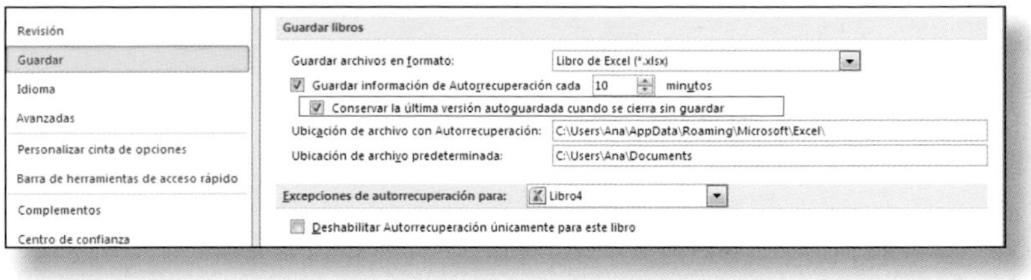

Figura 5.3 La función Autorrecuperación está activada.

CREAR UN LIBRO

PRÁCTICA:

Cree un libro con cinco hojas de cálculo:

1. Haga clic en la pestaña Archivo y después en la opción Nuevo de la vista Backstage.
2. Como ya aparecerá seleccionada la opción Libro en blanco, haga clic en el botón **Crear**.

Figura 5.4. La vista Backstage, la opción Nuevo y el botón Crear.

Con esto tenemos un libro en blanco con tres hojas, igual al que crea Excel cada vez que se abre. Si lo desea, puede agregar el comando Nuevo a la barra de herramientas de acceso rápido para crear libros sin acceder a la vista Backstage. Sólo tiene que hacer clic en el botón **Personalizar barra de herramientas de acceso rápido** y seleccionar Nuevo en el menú. Ahora tenemos dos libros abiertos, el nuevo, que aún no tiene nombre ni ha sido guardado, y **Gastos mensuales**.

EL TRABAJO CON LAS HOJAS DE CÁLCULO

PRÁCTICA:

Pruebe ahora a agregar hojas de cálculo al nuevo libro:

1. Haga clic en el botón **Insertar hoja de cálculo**. Se encuentra junto a la última hoja del libro.

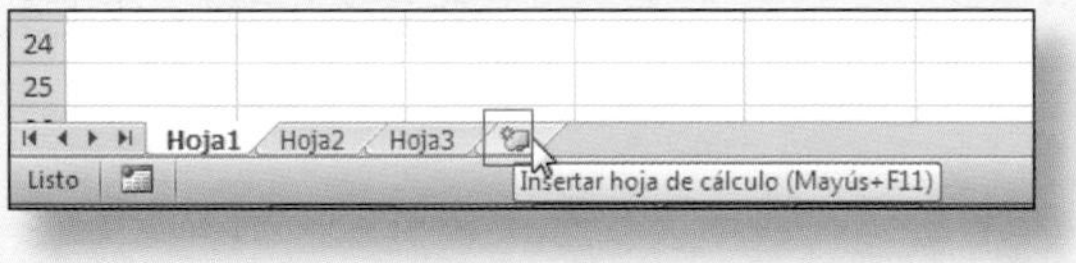

Figura 5.5. El botón Insertar hoja de cálculo.

2. Haga clic con el botón derecho del ratón en la Hoja 4 que acaba de crear y seleccione Cambiar nombre en el menú contextual. También puede hacer doble clic sobre el nombre de la hoja.
3. Cuando el nombre de la hoja aparezca seleccionado de color oscuro, escriba encima el nuevo nombre, por ejemplo, **Ingresos**.
4. Pruebe ahora a eliminar las tres hojas anteriores y dejar solamente la que ha agregado y denominado. Pulse la tecla **Control** y sin dejar de presionarla haga clic en las hojas 1, 2 y 3.

5. Ahora que ha seleccionado las tres hojas, haga clic en la opción Eliminar, del grupo Celdas de la ficha Inicio y seleccione Eliminar hojas en el menú desplegable. Es la misma opción que empleamos para eliminar celdas, filas y columnas.

6. Guarde el nuevo libro con un nombre, por ejemplo, **Contabilidad**.

Copiar, cortar y pegar hojas de cálculo

Ahora que tenemos un libro nuevo con una hoja llamada Ingresos, podemos traer aquí le hoja de gastos del libro **Gastos mensuales**.

PRÁCTICA:

Copie la hoja de gastos mensuales al nuevo libro:

1. Acerque el ratón al botón de Excel en la barra de tareas de Windows y espere a que se desplieguen las ventanas. Haga clic en Gastos mensuales.xlsx.

Figura 5.6. El botón de Excel muestra las ventanas de los libros abiertos.

2. Haga clic con el botón derecho del ratón en la Hoja 2, donde almacenamos los gastos mensuales completos.

3. Seleccione la opción Mover o copiar en el menú contextual.

4. En el cuadro de diálogo Mover o copiar, haga clic en la lista desplegable Mover las hojas seleccionadas al libro y seleccione Contabilidad. Observe que el cuadro de diálogo indica que la va a situar delante de la hoja **Ingresos**. Si quiere ponerla detrás, haga clic en (mover al final).

5. La opción de mover eliminará la hoja del libro **Gastos mensuales** y la trasladará a **Contabilidad**. Si desea mantenerla en ambos libros, haga clic en la casilla de verificación Crear una copia.

6. Haga clic en **Aceptar**.

7. Abra el libro **Contabilidad** y cambie el nombre de la hoja que ha copiado, por ejemplo, **Gastos**. Así tendrá una hoja llamada Ingresos y otra llamada Gastos.

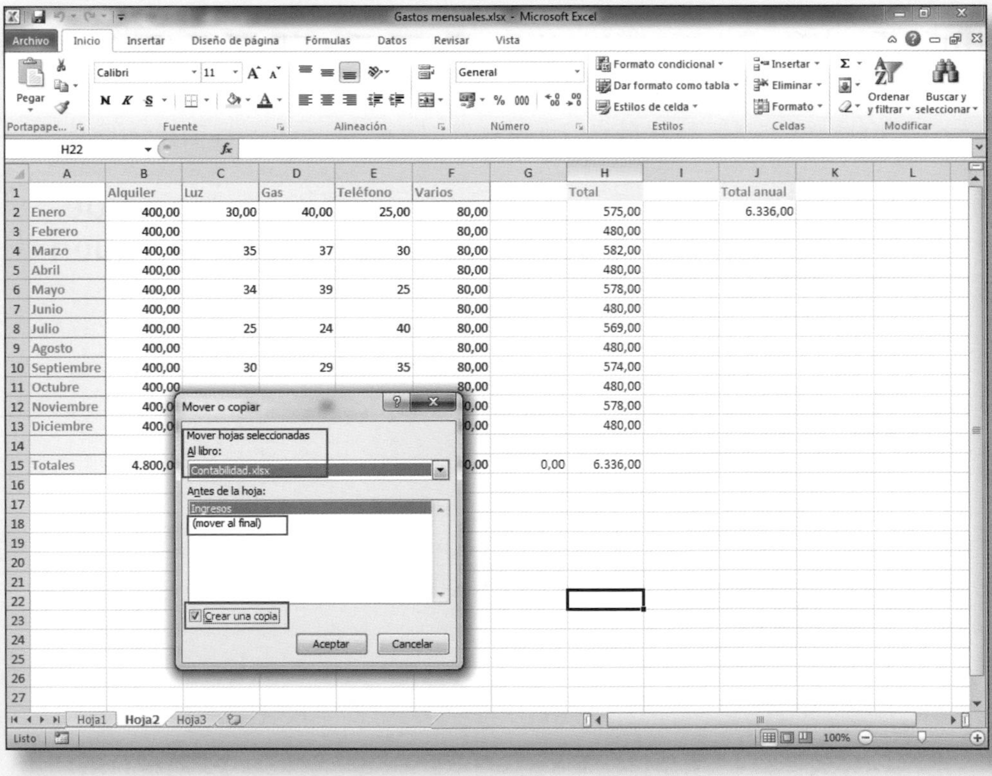

Figura 5.7. El cuadro de diálogo Mover o copiar.

Desplazarse entre las hojas de un libro

Para PODER desplazarse de una a otra hoja del libro, solamente tiene que hacer clic en la pestaña que desee. Si tiene demasiadas hojas y no se ven las pestañas, haga clic en los botones de navegación situados en la esquina inferior izquierda de la ventana, para desplazarse hacia la izquierda o hacia la derecha.

Figura 5.8. Utilice los botones de navegación
si el libro tiene muchas hojas.

IMPRIMIR UN LIBRO DE CÁLCULO

Imprimir un libro o una hoja de cálculo es una tarea fácil, pero requiere algunos preliminares.

El área de trabajo y el área de impresión

Hay que distinguir entre el área de trabajo y el área de impresión. El área de trabajo es la zona de la ventana de Excel en la que se escriben y manejan datos y objetos. El área de impresión es la que Excel va a imprimir en una página. Lo que exceda el área de impresión pasará a la página siguiente.

La ventana de Excel muestra tres botones en la barra de estado. Para comprobar el área de impresión que Excel va a aplicar al documento, haga clic en el botón **Vista previa de salto de página**. Es el último.

Observe la figura 5.9. Si hace clic en **Aceptar** en el cuadro de diálogo, podrá acercar el ratón a la línea del margen y, cuando se convierta en una flecha de dos puntas, arrastrar hacia la derecha para ampliar el área de impresión y hacer el margen más pequeño. Es posible que la impresión resulte demasiado compactada.

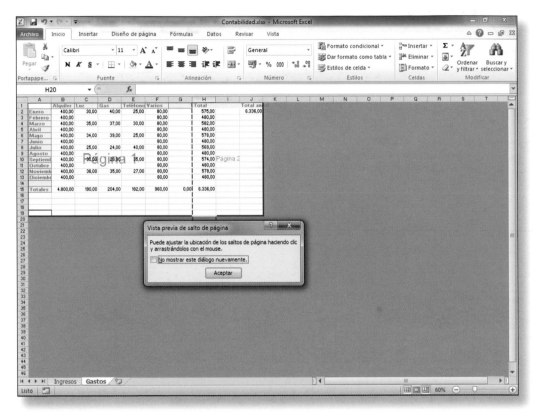

Figura 5.9. Excel va a cortar la hoja de cálculo entre las columnas G y H.

Nota: También puede modificar los márgenes de la hoja de papel haciendo clic en la ficha Diseño de página y después en el comando Márgenes. El menú le mostrará los márgenes predeterminados y le permitirá modificarlos haciendo clic en Márgenes peronalizados. La ficha Imprimir de la vista Backstage que veremos a continuación tiene un menú idéntico.

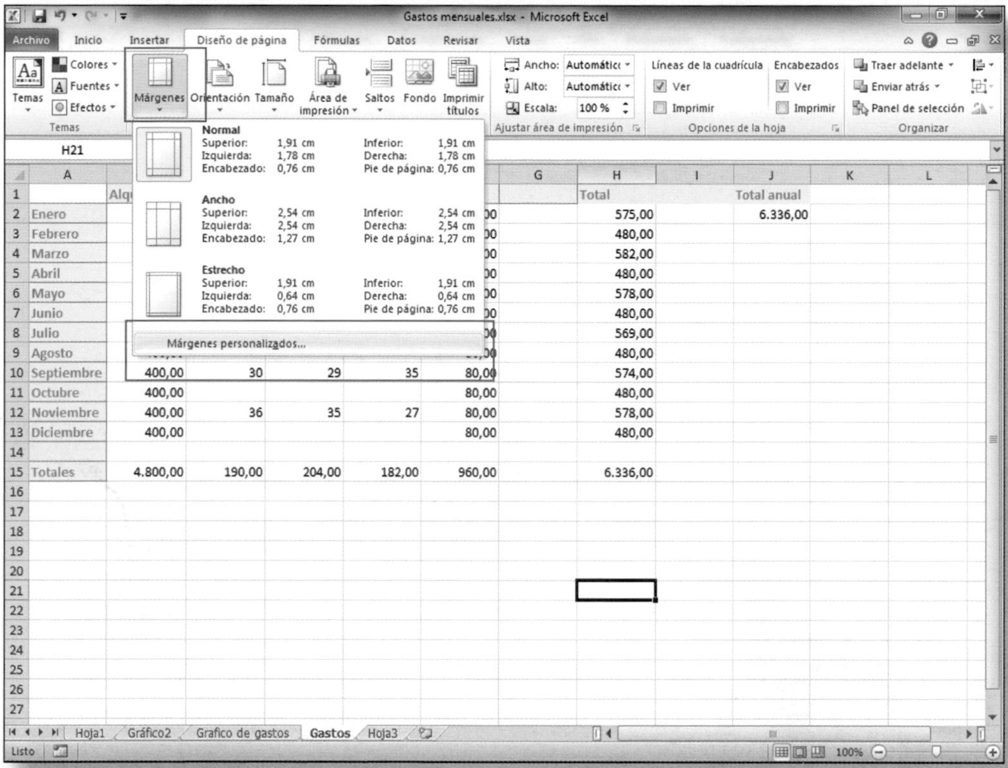

Figura 5.10. El menú Márgenes muestra los márgenes y permite modificarlos.

La Vista previa de impresión

PRÁCTICA:

Aprenda a utilizar la Vista previa de impresión.

1. Haga clic en la pestaña Archivo y seleccione la opción Imprimir.

2. Observe la vista previa del documento. Así es como se va a imprimir. Pero la ficha Imprimir ofrece numerosas opciones para configurar la hoja de cálculo.

95

Figura 5.11. La vista previa de impresión.

3. Pruebe a hacer clic en la lista desplegable Orientación vertical y seleccione Orientación horizontal. En este caso, la hoja se imprimirá completa.

4. Para imprimir el libro completo, haga clic en la lista desplegable Imprimir hojas activas y seleccione Imprimir todo el libro.

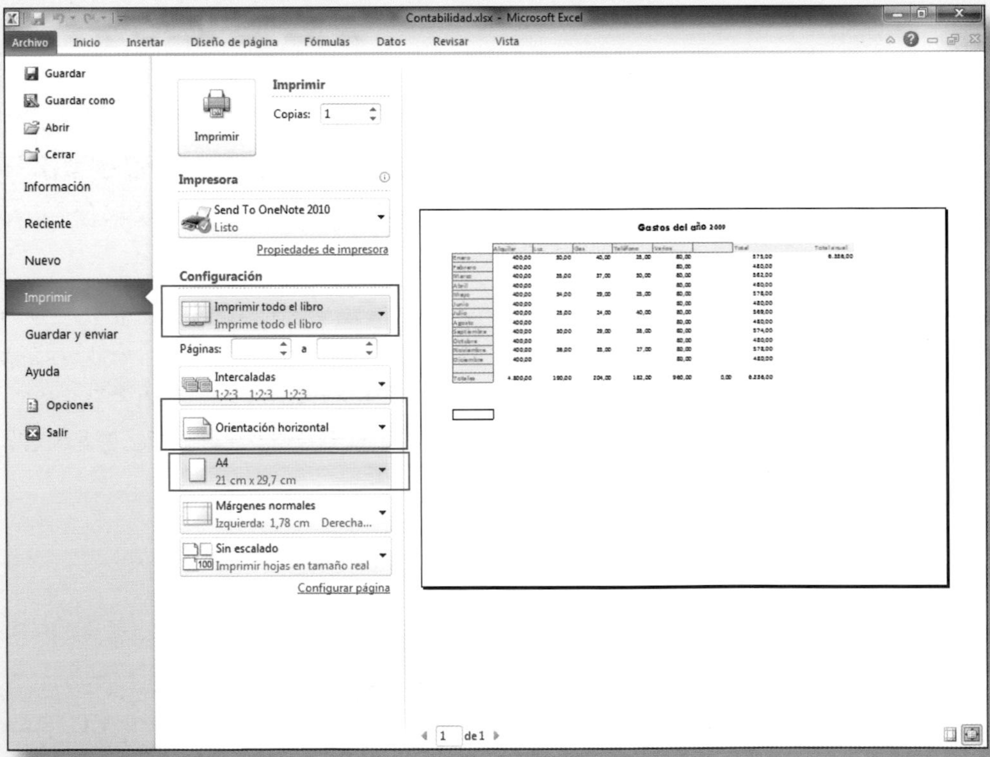

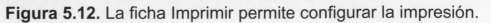

Figura 5.12. La ficha Imprimir permite configurar la impresión.

5. El tamaño predeterminado del papel es A4, pero puede modificarlo haciendo clic en la opción situada bajo la orientación.

6. Si precisa modificar los márgenes, haga clic en Márgenes normales y seleccione Márgenes personalizados.

7. Compruebe que todos los demás parámetros son correctos, como la impresora, el número de copias, etc. y haga clic en **Imprimir**.

Al seleccionar la orientación horizontal para imprimir la hoja, Excel modifica el área de impresión. Si ahora hace clic en el botón **Vista previa de salto de página** de la barra de estado, podrá ver que la página incluye todas las filas y columnas, sin partirlas.

El tamaño de las columnas

Si la hoja de cálculo tiene muchas filas, no podrá imprimirla completa con la opción Orientación horizontal porque no cabrá en la hoja de papel. Se imprimirá en varias páginas.

Otra posibilidad de disminuir el tamaño de la hoja de cálculo es eliminar columnas sobrantes. Por ejemplo, si observa la figura 5.7, podrá ver que la hoja Gastos contiene dos columnas vacías y que las columnas Luz, Gas, etc. son demasiado anchas para los dígitos que contienen.

PRÁCTICA:

Pruebe a disminuir la anchura de la hoja de cálculo:

1. En primer lugar, borre la fórmula copiada a la celda G15, para poder borrar la columna.

2. Mantenga pulsada la tecla **Intro** y haga clic en los encabezados de las columnas G e I.

3. Haga clic en el comando Eliminar y seleccione Eliminar columnas de hoja.

4. Haga clic entre los encabezados de las columnas C y D y arrastre el cursor en forma de flecha de dos puntas hacia la izquierda, para estrechar la columna D.

5. Repita la operación para las restantes columnas de gastos. Compruebe que las celdas de las sumas muestran todos los dígitos. Si la cifra completa no cabe, Excel muestra almohadillas ######.

6. Si necesita estrechar más las columnas, pruebe a eliminar los decimales que no son necesarios en este caso. Para ello, seleccione todas las celdas numéricas arrastrando el ratón sobre ellas y haga clic en el botón **Disminuir decimales** del grupo Número de la ficha Inicio .

7. Haga doble clic en las celdas que tienen texto largo, por ejemplo, en la celda Teléfono, y borre los cinco últimos caracteres seleccionándolos y pulsando la tecla **Supr**. La celda Total anual puede quedar T.anual. Recuerde que también puede desplazarse en la celda con las **Teclas del cursor** (las flechas) después de haber hecho doble clic en ella.

Nota: Recuerde que puede utilizar la función Autoajustar ancho de columna (comando Formato del grupo Celdas) para que Excel disminuya el tamaño.

Después de las manipulaciones anteriores, compruebe que la hoja de cálculo cabrá realmente en la página de impresión. Haga clic en **Vista previa de salto de página**. Observe la diferencia entre la Vista normal y la Vista previa salto de página en la figura 5.13a y 5.13b. La Vista normal aparenta dar cabida a toda la hoja, pero la Vista previa de salto de página muestra las cifras totales con almohadillas y el texto de la última celda de la derecha no cabe.

	A	B	C	D	E	F	G	H
1		Alquiler	Luz	Gas	Tel.	Varios	Total	T.anual
2	Enero	400	30	40	25	80	575	6.336
3	Febrero	400				80	480	
4	Marzo	400	35	37	30	80	582	
5	Abril	400				80	480	
6	Mayo	400	34	39	25	80	578	
7	Junio	400				80	480	
8	Julio	400	25	24	40	80	569	
9	Agosto	400				80	480	
10	Septiembre	400	30	29	35	80	574	
11	Octubre	400				80	480	
12	Noviembre	400	36	35	27	80	578	
13	Diciembre	400				80	480	
14								
15	Totales	4.800	190	204	182	960	6.336	
16								

Figura 5.13a. La hoja de cálculo en Vista normal. Así se ve en la pantalla.

	A	B	C	D	E	F	G	H	I
1		Alquil	Lu	Ga	Tel	Vario	Tot	T.anu	
2	Enero	400	30	40	25	80	575	6.336	
3	Febrero	400				80	480		
4	Marzo	400	35	37	30	80	582		
5	Abril	400				80	480		
6	Mayo	400	34	39	25	80	578		
7	Junio	400				80	480		
8	Julio	400	25	24	40	80	569		
9	Agosto	400				80	480		
10	Septiemb	400	30	29	35	80	574		
11	Octubre	400				80	480		
12	Noviemb	400	36	35	27	80	578		
13	Diciembr	400				80	480		
14									
15	Totales	4.800	##	##	182	960	###		
16									
17									
18									
19									

Figura 5.13b. La hoja de cálculo en Vista previa salto de página. Así se va a imprimir.

Ocultar columnas y filas

Otra opción es ocultar las columnas en blanco durante la impresión y mostrarlas después. Así no tendrá que eliminarlas y la hoja mantendrá su amplitud. Esta opción es útil cuando se quiere imprimir una hoja, por ejemplo, sin los totales, sin los titulares u omitiendo datos.

PRÁCTICA:

Pruebe a imprimir la hoja de cálculo sin las columnas en blanco y sin totales.

1. Pulse **Control** y haga clic en los encabezados de las columnas que quiera ocultar.

2. Haga clic en el comando Formato del grupo Celdas de la ficha Inicio.

3. Haga clic en la opción Ocultar y mostrar.

4. Seleccione Ocultar columnas.

5. Después de imprimir, repita la operación seleccionando Mostrar columnas.

Ocultar otros elementos

La ficha Vista de Excel 2010 tiene opciones para mostrar u ocultar las líneas que forman la cuadrícula de la hoja de cálculo, así como la barra de fórmulas o los títulos. Si desea ocultar alguno de estos elementos, solamente tiene que hacer clic en la casilla de verificación correspondiente en el grupo Mostrar.

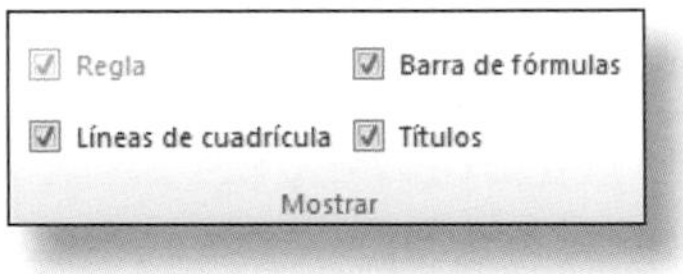

Figura 5.14. Las opciones del grupo Mostrar de la ficha Vista.

Ordenar los datos

Para ordenar los datos de una hoja de cálculo, hay que hacer lo siguiente:

- Para ordenar por una columna, por ejemplo, años, meses, cantidades, etc., hay que hacer clic en una celda cualquiera de la columna y después hacer clic en la ficha Datos y seleccionar el botón **Ordenar de A a Z** u **Ordenar de Z a A**. Si son cifras, se ordenarán de mayor a menor o de menor a mayor respectivamente. También se puede utilizar el comando Ordenar y filtrar del grupo Modificar de la ficha Inicio.

- Para ordenar por más de una columna, seleccione las columnas a ordenar y haga clic en el comando Ordenar para acceder al cuadro de diálogo Ordenar. En el cuadro de diálogo, haga clic en la lista desplegable Ordenar por y seleccione la columna por la que ordenar el resto. También puede seleccionar un valor en la lista Valores y un criterio, por ejemplo, De mayor a menor en la lista Criterios de ordenación.

Nota: Antes de ordenar los datos, conviene asegurarse de que se realiza en el orden correcto. Una vez aplicada una forma de ordenación solamente se puede eliminar haciendo clic en el botón **Deshacer** de la barra de herramientas de inicio rápido, siempre y cuando no se haya guardado el libro.

Encabezados de página

Si lo desea, también puede agregar a la hoja de cálculo un encabezado con el título. La hoja impresa quedará más completa con una cabecera.

PRÁCTICA:

Cree un encabezado para la página de los gastos mensuales.

1. Haga clic en el botón **Diseño de página** que es el central de los tres botones de la barra de estado. Está marcado en la figura 5.15.

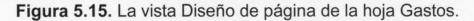

	Alquiler	Luz	Gas	Teléfono	Varios	Total	Total anual
Enero	400,00	30,00	40,00	25,00	80,00	575,00	6.336,00
Febrero	400,00				80,00	480,00	
Marzo	400,00	35	37	30	80,00	582,00	
Abril	400,00				80,00	480,00	
Mayo	400,00	34	39	25	80,00	578,00	
Junio	400,00				80,00	480,00	
Julio	400,00	25	24	40	80,00	569,00	
Agosto	400,00				80,00	480,00	
Septiembre	400,00	30	29	35	80,00	574,00	
Octubre	400,00				80,00	480,00	
Noviembre	400,00	36	35	27	80,00	578,00	
Diciembre	400,00				80,00	480,00	
Totales	4.800,00	190,00	204,00	182,00	960,00	6.336,00	

Haga clic para agregar encabezado

Figura 5.15. La vista Diseño de página de la hoja Gastos.

2. Haga clic en el espacio que indica Haga clic para agregar encabezado.

3. Escriba el título, por ejemplo, **Gastos del año 2009**.

4. Seleccione el texto y haga clic en la ficha Inicio. Ahora puede aplicarle los formatos de texto que desee, haciendo clic en Fuente, Tamaño de fuente o Color de fuente.

5. Haga clic en **Guardar** para guardar las modificaciones. Ya puede imprimir la hoja o el libro.

 **Nota:** En Vista normal no podrá ver el encabezado, pero verá el resultado si hace clic en Archivo y después en Imprimir.

Impresión rápida

Una vez que la configuración de la impresión es correcta, puede imprimir la hoja sin volver a la ficha Imprimir de la vista Backstage.

PRÁCTICA:

Practique la opción Impresión rápida.

1. Haga clic en el botón **Personalizar barra de herramientas de acceso rápido** y después haga clic en la opción Impresión rápida.

2. Una vez agregado el botón **Impresión rápida** a la barra de herramientas, sólo tiene que hacer clic en él para imprimir el documento con la última configuración con la que haya impreso éste u otro documento o la última configuración que haya utilizado.

Figura 5.16. La barra de herramientas de acceso rápido tiene ahora dos nuevos botones; Nuevo e Impresión rápida.

EL TRABAJO CON GRÁFICOS

Crear gráficos con Excel es un trabajo fácil, entretenido y gratificante.

LOS GRÁFICOS DE EXCEL 2010

Excel no solamente permite crear hojas de cálculo, sino también hojas de datos y hojas de gráficos, es decir, no solamente se puede calcular con Excel, sino también recoger información y representarla de modo gráfico.

Los comandos relacionados con los gráficos de Excel se encuentran en el grupo Gráficos de la ficha Insertar.

Figura 6.1. El grupo Gráficos de la ficha Insertar contiene todos los comandos para crear y gestionar gráficos.

CREAR UN GRÁFICO

La creación de un gráfico con Excel incluye las etapas siguientes:

1. Origen de datos. Son los datos que utilizará Excel para generar el gráfico. Es conveniente situarlos de manera que formen un rectángulo, es decir, que se puedan seleccionar trazando un rectángulo con el ratón. De esta manera, la selección es más cómoda y segura.

2. Tipo de gráfico. El cuadro de diálogo Insertar gráfico contiene todos los gráficos de Excel 2010. Se accede a él haciendo clic en el iniciador del grupo Gráficos o en la opción Todos los tipos de gráfico que aparece al final de todos los menús de gráficos.

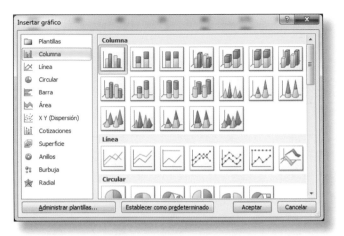

Figura 6.2. El cuadro de diálogo Insertar gráfico
contiene todos los gráficos de Excel.

3. Herramientas de gráficos. La ficha Herramientas de gráficos
    que aparece al crear un gráfico contiene tres pestañas con
    todos los comandos necesarios para modificar, formatear
    y retocar el gráfico: Diseño, Presentación y Formato. Puede
    verlas en la figura 6.3.

4. Ubicación del gráfico. Los gráficos creados con Excel se
    incrustan en la hoja que contiene los datos, pero se pueden
    trasladar a una hoja de gráfico separada de la hoja de
    datos o de cálculo, donde se pueden manipular con mayor
    facilidad, como muestra la figura 6.3.

Creación de un gráfico sencillo

Para aprender a utilizar los gráficos de Excel 2010 crearemos
uno muy sencillo con los datos del ejemplo que hemos venido
utilizando en los capítulos anteriores.

En un gráfico no podemos incluir los totales con los datos
parciales porque el resultado daría diferencias enormes.
Tampoco merece la pena incluir los alquileres ni los varios
porque hemos puesto siempre la misma cifra. Lo mejor será
representar la evolución de los gastos de luz, gas y teléfono a lo
largo del año, que es lo que vemos en las figuras 6.3 y 6.4.

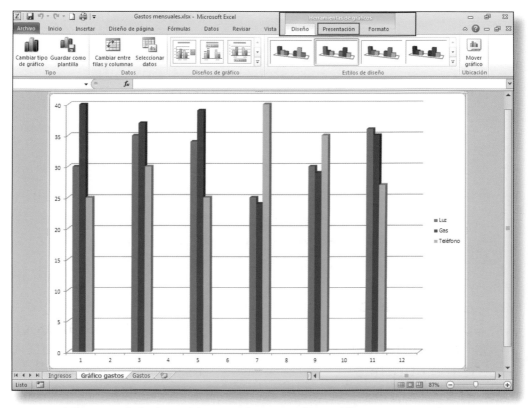

Figura 6.3. Las Herramientas de gráficos con todos los comandos para mejorar el gráfico.

Para representar la tendencia de los datos en el tiempo, el gráfico más adecuado es el de línea, pero como queremos practicar, lo crearemos con columnas que son más fáciles de manipular y después lo cambiaremos.

PRÁCTICA:

Pruebe a crear un gráfico simple:

1. Abra la hoja Gastos.

2. Seleccione los datos. Haga clic en la celda C1 y arrastre el ratón hasta la E13. Así lo hemos hecho en la figura 6.4.

107

3. Haga clic en la ficha Insertar y elija el tipo de gráfico. En la figura 6.4 hemos elegido Columna y, en el menú, Columna3 en 3D. Haga clic en esas opciones.

4. Para trabajar mejor con el gráfico que ha creado Excel, lo trasladaremos a una hoja de gráfico aparte. Haga clic en el comando Mover gráfico del grupo Ubicación. Está marcado en la figura 6.4.

5. En el cuadro de diálogo Mover gráfico, haga clic en el botón de opción Hoja nueva y escriba un nombre para la hoja, por ejemplo, **Gráfico de gastos**.

6. Haga clic en **Aceptar**. El gráfico aparecerá en su propia hoja como se ve en la figura 6.3.

Eliminar un gráfico

Para eliminar el gráfico que Excel ha incrustado en la hoja de cálculo, simplemente hay que seleccionarlo haciendo clic sobre él y pulsar la tecla **Supr**. Si se ha trasladado a una hoja nueva, hay que eliminar la hoja haciendo clic con el botón derecho en la pestaña y seleccionando Eliminar en el menú contextual. Si no se ha guardado aún, también se puede cerrar el libro sin guardar los cambios.

Modificación del gráfico

Utilizaremos ahora los comandos y herramientas de la ficha Herramientas de gráfico para modificar y retocar el gráfico. Antes de comenzar, es conveniente que guarde su trabajo haciendo clic en el botón **Guardar** de la barra de herramientas de inicio rápido. Observe el gráfico de la figura 6.3. El que aparezca en su pantalla ha de ser igual o similar. El eje vertical muestra los valores, las cifras de gastos, y el eje horizontal muestra las categorías, los meses. La leyenda muestra los colores de las tres series que forman el gráfico: Luz, gas y teléfono. Como no hemos seleccionado el título de la hoja de cálculo porque era complicado hacerlo, el gráfico carece de título. Lo crearemos a continuación.

Áreas del gráfico

El gráfico que hemos creado tiene dos áreas: el Área del gráfico que abarca toda la hoja y el Área de trazado que comprende los ejes y los valores. Si hace clic en un área y aproxima el ratón, la información de herramientas le indicará de qué área se trata. Puede verlas en la figura 6.12.

Seleccionar elementos en un gráfico

Para seleccionar un elemento del gráfico, lo más fácil es hacer clic en la lista desplegable del grupo Selección actual (pestaña Presentación de la ficha Herramientas de gráfico) y después hacer clic en el elemento. Pruebe a hacer clic en los diferentes elementos de la lista y observe el gráfico para ver cuál queda seleccionado, lo que se reconoce porque aparecen controladores de tamaño y posición, pequeños cuadros y círculos que rodean el objeto seleccionado. Una vez seleccionado un elemento, se puede eliminar, copiar, mover, formatear, etc.

Para conocer el nombre de un elemento, aproxime el ratón y verá la información de herramientas.

En la figura 6.5 aparece seleccionado el eje de categorías que muestra los controladores de tamaño, los pequeños círculos situados en las cuatro esquinas del rectángulo de selección.

- Para mover un elemento seleccionado, aproxime el ratón a un controlador y cuando el cursor se convierta en una flecha de cuatro puntas (figura 6.6), haga clic y arrastre al lugar que desee.

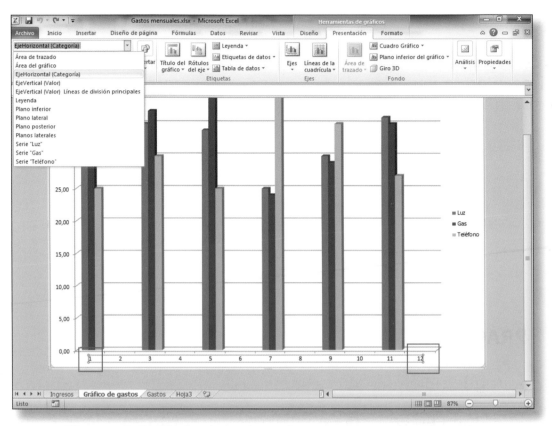

Figura 6.5. El eje de categorías aparece seleccionado
en la lista desplegable y en el área del gráfico.

- Para poder cambiar de tamaño un elemento seleccionado, aproxime el ratón a un controlador y cuando el cursor se convierta en una flecha de dos puntas (véase la figura 6.6), haga clic y arrastre hacia dentro o hacia fuera. Para poder preservar la relación de tamaño, arrastre un controlador de esquina.

Figura 6.6. El cursor en forma de flecha de dos o cuatro
puntas sobre los controladores de la leyenda.

Formatear un elemento del gráfico

Para formatear un elemento del gráfico, hay que hacer clic primero en la lista desplegable para seleccionarlo y después en el comando Aplicar formato a la selección.

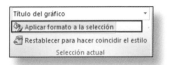

Figura 6.7. El comando para formatear el objeto seleccionado.

El título

PRÁCTICA:

Agregue un título al gráfico:

1. Haga clic en la ficha Presentación. Está señalada en la figura 6.3.
2. Haga clic en Título del gráfico y seleccione Encima del gráfico en el menú.

Figura 6.8. Los comandos para insertar títulos, rótulos y etiquetas en el gráfico.

3. Escriba **Gastos del año 2009**. Observe que escribe en la barra de fórmulas.

4. A continuación, pulse **Intro**. El título aparecerá encima del gráfico.

5. Seleccione el título arrastrando el ratón sobre el texto y haga clic en el comando Aplicar formato a la selección del grupo Selección actual.
Si no consigue seleccionar el texto del título o las opciones del grupo Selección actual aparecen desactivadas, probablemente el punto de inserción se encuentre aún en la barra de fórmulas. Pulse **Intro** para salir de ella y seleccione el título dentro del cuadro de texto, en el gráfico, no en la barra de fórmulas.

6. En el cuadro de diálogo Formato del título del gráfico, revise las opciones disponibles y aplique las que le agraden. Si desea cambiar el tipo y tamaño de la fuente, haga clic en la ficha Inicio y seleccione las opciones del grupo Fuente. Si no le agrada el resultado, haga clic en Restablecer para hacer coincidir el estilo, del grupo Selección actual.

7. Seguidamente, haga clic en **Aceptar** para cerrar el cuadro de diálogo Fuente, si lo ha utilizado, y en **Cerrar** para cerrar el cuadro de diálogo Formato del título del gráfico.

8. Si desea dar un aspecto visual al título, haga clic en la pestaña Formato de la ficha Herramientas de gráfico y después haga clic en el comando Estilos rápidos o en el botón **Efectos de texto** del grupo Estilos de WordArt.

9. Haga clic en el estilo o efecto que le agrade. Si no le gusta el resultado, haga clic en otro hasta que encuentre uno satisfactorio. Recuerde que si no selecciona previamente el título, el estilo se aplicará a todos los rótulos y etiquetas del gráfico.

Los rótulos

PRÁCTICA:

Agregue rótulos a los ejes:

1. Haga clic en Rótulos del eje, en el grupo Etiquetas. Puede verlo en la figura 6.8.

2. Seleccione Título de eje horizontal primario y haga clic en Título bajo el eje en el menú.

3. Escriba **Meses** y pulse **Intro**.

4. Si lo desea, puede aplicar un formato con las opciones anteriormente utilizadas para el título del gráfico.

5. Repita la operación seleccionando Título de eje vertical primario y haciendo clic en Título vertical en el menú. Como rótulo vertical escriba, por ejemplo, **Euros**.

6. Para formatear el rótulo vertical igual que el horizontal, haga clic en la ficha Inicio y seleccione el texto del rótulo horizontal Meses.

7. Haga clic en el botón **Pegar formato** y arrastre el ratón sobre el rótulo vertical Euros. De esta forma, ambos rótulos tendrán el mismo formato.

Nota: Guarde el gráfico cada vez que obtenga un resultado satisfactorio. Recuerde que puede utilizar los botones **Deshacer** y **Rehacer** o cerrar el gráfico sin guardarlo, si no le agrada, y abrirlo de nuevo.

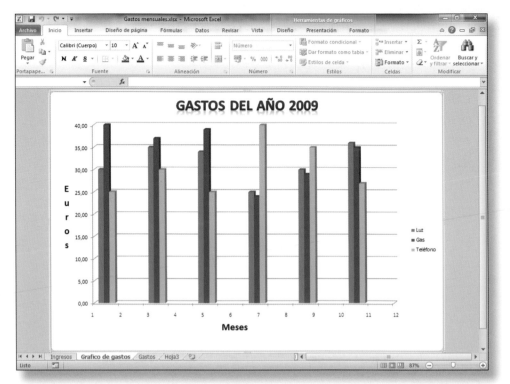

Figura 6.9. El gráfico con el título y los rótulos de los dos ejes.

Las etiquetas

Dado que no hemos incluido los nombres de los meses al seleccionar los datos para el gráfico, las etiquetas del eje de categorías indican 1, 2, 3, etc. Conseguir los nombres de los meses es algo complejo pero lo intentaremos para aprender una técnica de selección de datos que Excel 2010 utiliza mediante el cuadro de diálogo Seleccionar origen de datos.

PRÁCTICA:

Cambie las etiquetas del eje de categorías:

1. Haga clic en la lista Selección actual y elija EjeHorizontal (Categoría). Las etiquetas del eje horizontal quedarán seleccionadas con un recuadro, (figura 6.5).

2. Haga clic con el botón derecho del ratón dentro del recuadro de la selección y elija la opción Seleccionar datos en el menú contextual.

3. En el cuadro de diálogo Seleccionar origen de datos, haga clic en el botón **Editar** de la ventana Etiquetas del eje horizontal (categoría). Así podrá cambiar el texto de las etiquetas que indican 1, 2, 3, etc. (Figura 6.10).

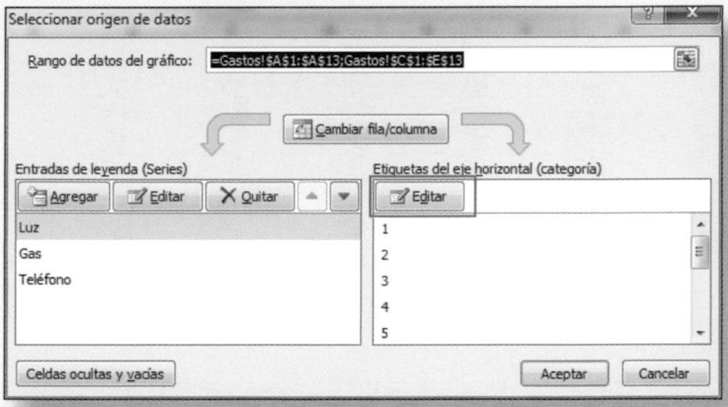

Figura 6.10. El cuadro de diálogo Seleccionar origen de datos.

4. Cuando aparezca el cuadro de diálogo Rótulos del eje, haga clic en la pestaña Gastos del libro de trabajo, para ir a la hoja de cálculo que contiene los datos del gráfico, es decir, los gastos mensuales.

5. Haga clic en Enero y arrastre hasta Diciembre. Cuando aparezca el rango **=Gastos!$A$2:$A$13** en la casilla Rango de rótulos del eje (son las celdas que contienen los nombres de los meses en la hoja Gastos) haga clic en **Aceptar**. Junto al botón de selección coloreado indicará = **Enero; Febrero;** etc. Véalo en la figura 6.11.

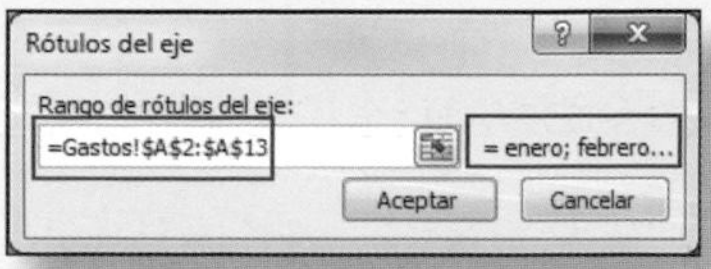

Figura 6.11. El cuadro de diálogo Rótulos del eje.

6. Ahora, el cuadro de diálogo Seleccionar origen de datos mostrará los nombres de los meses. Haga clic en **Aceptar**. Las etiquetas anteriores, 1, 2, 3, etc., quedarán reemplazadas por los nombres de los meses.

La leyenda

La leyenda muestra las series del gráfico con sus correspondientes códigos de color.

PRÁCTICA:

Pruebe a cambiar de tamaño la leyenda para ver mejor su contenido:

1. Haga clic en la leyenda para seleccionarla. Como se encuentra fuera del área de trazado del gráfico, se selecciona fácilmente con un clic.

2. Aproxime el ratón a un controlador de tamaño de esquina y cuando se convierta en una flecha de dos puntas, haga clic y estire hacia fuera para aumentar el tamaño.

3. Haga doble clic en Luz para seleccionar la entrada de leyenda ⬚Luz⬚.

4. Seguidamente, cierre el cuadro de diálogo Dar formato a entrada de leyenda, si aparece. Lo que queremos es aumentar el tamaño de la etiqueta. Haga clic en la ficha Inicio y seleccione un tamaño mayor de fuente en la lista Tamaño de fuente, por ejemplo, 12 puntos.

5. Repita la operación para las otras dos etiquetas. Ahora quedarán más visibles. También puede utilizar el botón **Copiar formato** para cambiar el tamaño de las etiquetas Gas y Teléfono, copiando el de Luz.

6. Guarde el libro de trabajo.

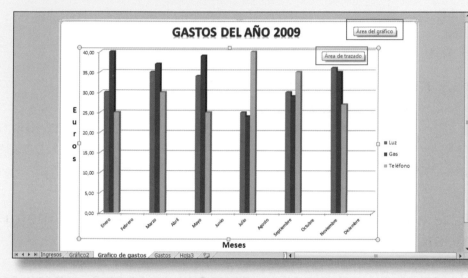

Figura 6.12. El gráfico con título, rótulos y etiquetas.

Modificar los valores o categorías de un gráfico

Para modificar los valores del gráfico, hay que cambiar los de la hoja de cálculo que contiene los datos. Por ejemplo, si cambia las cantidades o los decimales en la hoja Gastos, el gráfico reflejará el cambio en la columna correspondiente.

PRÁCTICA:

Pruebe a poner los nombres de los meses con minúscula inicial. En la figura 6.12 aparecen con mayúscula porque así están en la hoja de cálculo:

1. Haga clic en la hoja Gastos.

2. Haga clic en la celda Enero. En la barra de fórmulas, arrastre el cursor sobre la E y escriba **e**.

3. Repita la operación para todos los meses.

4. Haga clic en la hoja del gráfico. Observe que los rótulos han cambiado. Puede verlos en la figura 6.14.

Agregar texto al gráfico

Además de los títulos, rótulos y etiquetas procedentes de la hoja de datos, se puede agregar al gráfico cualquier tipo de texto, así como cualquier imagen o figura.

PRÁCTICA:

Pruebe a añadir un texto de prueba:

1. Haga clic en la ficha Insertar y seleccione el comando Cuadro de texto.

2. Cuando el cursor se convierta en un punto de inserción, haga clic sobre el gráfico y escriba el texto, por ejemplo, **Este es mi primer gráfico**. Observe que el texto excede el cuadro de texto insertado. No importa.

3. Seleccione el texto arrastrando el ratón sobre él y aplíquele un formato haciendo clic en la pestaña Inicio para elegir una Fuente y un Tamaño de fuente.

4. Aproxime el ratón al cuadro de texto y cuando se convierta en una flecha de cuatro puntas, haga clic y arrastre a otro lugar del gráfico. Aunque el texto sobresalga, se moverá con él.

5. Para borrarlo, pulse la tecla **Supr**. teniendo seleccionado el cuadro de texto (cuando se vean los controladores de tamaño y posición). Se borrarán el cuadro y el texto que contiene.

Figura 6.13. Es posible insertar texto libre y modificarlo.

Cambiar el tipo de gráfico

Para cambiar el tipo de gráfico, por ejemplo, pasar de columnas a líneas, hay que hacer clic en la pestaña Formato de la ficha Herramientas de gráfico. El comando Cambiar  tipo de gráfico del grupo Tipo permite seleccionar cualquier modelo.

Imprimir el gráfico

Imprimir un gráfico es similar a imprimir una hoja de cálculo. Solamente hay que hacer clic en Archivo y después en Imprimir para acceder a la vista previa. La orientación predeterminada es horizontal. Una vez comprobados los parámetros de impresión, hay que hacer clic en **Imprimir**.

LOS MINIGRÁFICOS DE EXCEL

Excel permite gráficos que ocupan el espacio de una celda. Son útiles para mostrar tendencias, resaltar valores máximos o señalar pérdidas o ganancias. Como estamos representando cifras de gastos a lo largo de un año, utilizaremos uno de ellos.

PRÁCTICA:

Inserte un minigráfico de línea para representar la tendencia de los gastos mensuales:

1. Abra la hoja Gastos.

2. Haga clic en la celda en blanco situada entre los totales anuales y la suma de los mismos. En nuestro ejemplo es la celda G14. Si no tiene una celda en blanco en ese lugar, inserte una fila.

3. Haga clic en la ficha Insertar y después en el comando Línea del grupo Minigráficos. Está señalado en la figura 6.14.

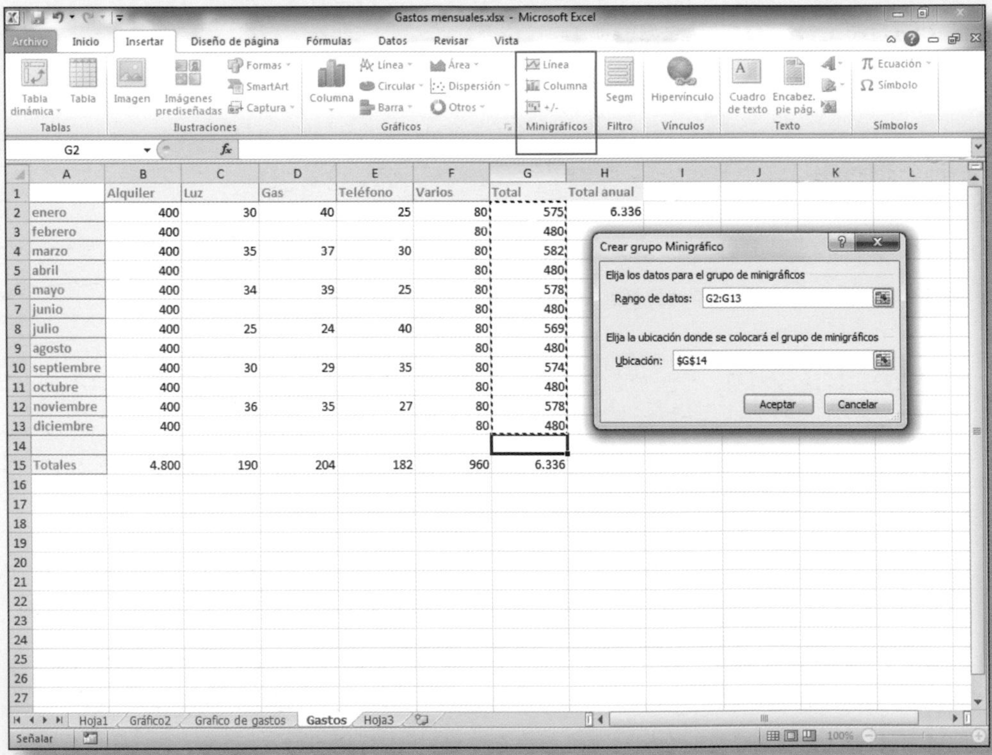

Figura 6.14. El rango seleccionado y la celda de destino del minigráfico.

4. Si el cuadro de diálogo Crear grupo Minigráfico estorba, haga clic en la barra de título (en la parte superior de la ventana) y arrástrelo a un lado para dejar espacio libre.

5. Haga clic en la celda G2 y arrastre el ratón hasta la G13 para seleccionar los totales de gastos mensuales de los doce meses.

6. El cuadro de diálogo mostrará el rango G2:G13 en la casilla Rango de datos. Son las celdas de los totales mensuales. En la casilla Ubicación mostrará $G$14, que es la referencia absoluta de la celda G14 en la que ha de aparecer el minigráfico. Si no es así, haga clic en esa celda para que Excel inserte el gráfico en ella. Véalo en la figura 6.14.

7. Haga clic en **Aceptar**.

Modificar o eliminar un minigráfico

Los minigráficos tienen también sus herramientas y formatos que aparecen al crear uno y seleccionarlo.

• Para modificarlo, selecciónelo y haga clic en el comando que desee de la ficha Herramientas para minigráfico. Puede cambiar el tipo de gráfico, modificar la ubicación o los datos, o elegir un estilo.

• Puede escribir texto encima del minigráfico sin borrarlo, seleccionando la celda, escribiendo y pulsando la tecla **Intro**. Para poder borrar el texto, seleccione la celda y pulse la tecla **Supr**. Se borrará el texto pero no el minigráfico. Para modificar el texto, seleccione la celda y haga clic en la barra de fórmulas. Cambie lo que desee y pulse **Intro**.

- Para borrar el minigráfico, haga clic con el botón derecho del ratón sobre la celda que lo contiene y seleccione en el menú contextual Minigráficos y después Borrar minigráficos seleccionados.

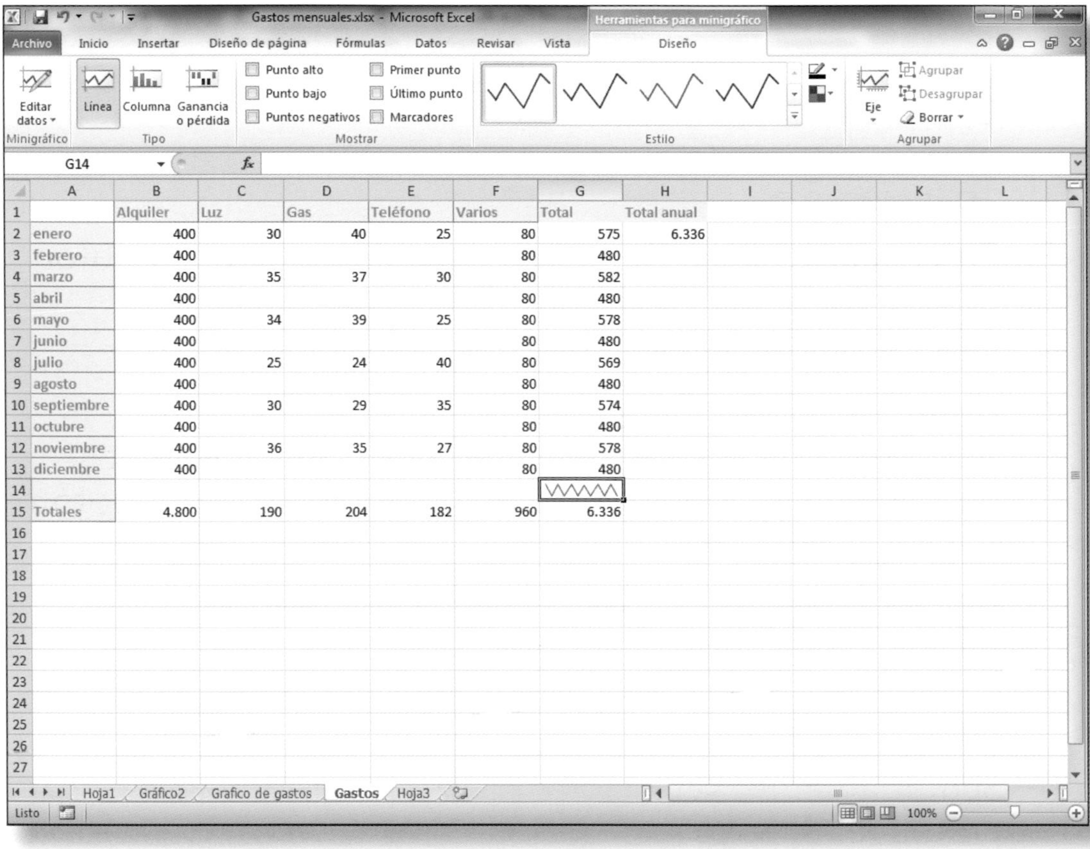

Figura 6.15. Las Herramientas para minigráfico.

Combinar celdas

Si quiere ampliar un texto o una imagen, puede combinar varias celdas de manera que se forme una sola. Observe la figura 6.15. El minigráfico aparece en la celda G14. Vamos a ampliarlo para que ocupe el rango G14:H15, es decir, a ampliarlo a cuatro celdas.

PRÁCTICA:

Pruebe a combinar cuatro celdas para ampliar el minigráfico:

1. Haga clic con el botón derecho del ratón en la celda G15 de la hoja de cálculo y seleccione a continuación el comando Insertar en el menú contextual que aparece en pantalla.

2. En el cuadro de diálogo Insertar, haga clic en el botón de opción Insertar toda una fila.

3. Haga clic en **Aceptar**.

4. Como la celda de la suma se habrá desplazado a la fila 16, ahora puede seleccionar el rango. Haga clic en la celda G14 y arrastre el ratón sin soltar el botón hasta la H15.

5. Una vez que haya seleccionado las cuatro celdas, haga clic sobre el comando Combinar y centrar que se encuentra en el grupo Alineación de la ficha Inicio. Puede verlo en la figura 6.16.

6. Seguidamente, seleccione la opción Combinar celdas en el menú.

7. Las cuatro celdas seleccionadas se convertirán en una sola y el gráfico se expandirá para ocuparla.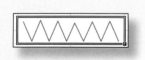

Para dividir la celda que acaba de combinar en la práctica anterior, selecciónela y a continuación haga clic sobre el comando Combinar y centrar, seleccionando luego Separar celdas en el menú.

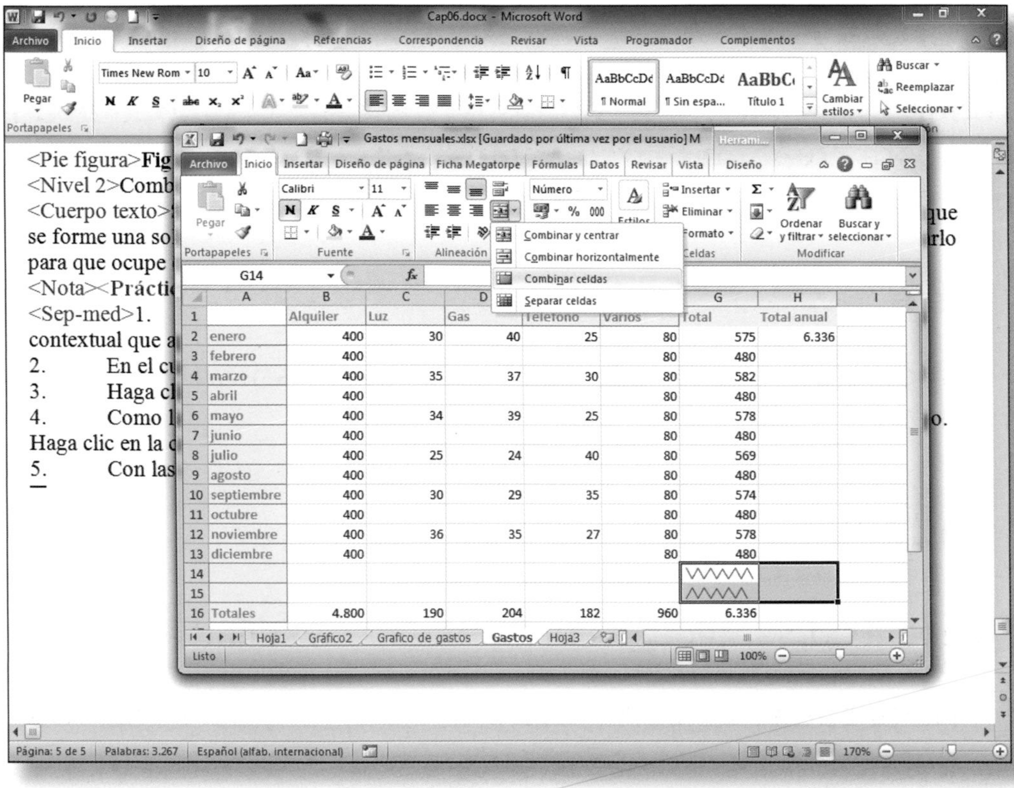

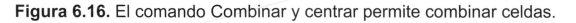

Figura 6.16. El comando Combinar y centrar permite combinar celdas.

PRÁCTICA:

Pruebe a combinar y centrar un texto en dos celdas:

1. Escriba Gastos mensuales en una celda cualquiera.

2. Como ya vimos anteriormente, el texto se expande a la celda de la derecha, pero realmente se encuentra en una sola. Haga clic en la celda y seleccione la celda de la derecha arrastrando el ratón.

3. Haga clic en el comando Combinar y centrar y seleccione la primera opción, Combinar y centrar.

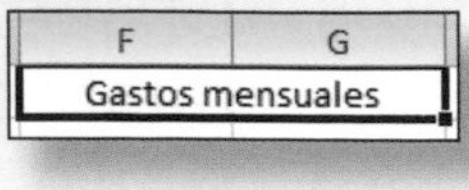

CREACIÓN ARTÍSTICA CON EXCEL 2010

Si dispone de imágenes o fotografías escaneadas, puede utilizar algunas para crear un marco con fotografías o dibujos. Si no dispone de imágenes, puede utilizar las de Office 2010.

Las imágenes prediseñadas de Office 2010

Si no dispone de imágenes, puede utilizar las imágenes prediseñadas de Office.

PRÁCTICA:

Pruebe a copiar algunas imágenes prediseñadas de Office:

1. Haga clic en el comando Imágenes prediseñadas del grupo Ilustraciones de la ficha Insertar.

2. El panel de tareas Imágenes prediseñadas se acoplará a la zona derecha de la ventana. Haga clic en la casilla de verificación Incluir contenido de Office.com, para que Excel descargue imágenes de Internet. Está señalado en la figura 6.17.

3. Haga clic en **Buscar**. No importa que la casilla esté en blanco.

4. Cuando el panel se llene de miniaturas de imágenes, haga clic en el botón de desplazamiento de la derecha y arrástrelo hacia abajo para ver todas las imágenes disponibles. Haga clic en alguna imagen para insertarla en la hoja de cálculo. Si una imagen monta sobre otra, arrástrela a otro lugar de la hoja.

5. Observe que cada imagen muestra alrededor varios puntos. Son los controladores de posición y tamaño, similares a los que vimos en la leyenda del gráfico.

Los gráficos de SmarArt

PRÁCTICA:

Ahora puede crear un marco para las imágenes:

1. Haga clic en el comando SmartArt del grupo Ilustraciones de la ficha Insertar.

2. En el cuadro de diálogo Elegir una imagen de SmartArt, seleccione la opción Imagen en la lista de opciones de la izquierda.

3. Acerque el ratón a los modelos de la categoría Imagen hasta encontrar uno que le agrade. Por ejemplo, haga clic en Imágenes en cuadrícula.

4. Haga clic en **Aceptar**.

PRÁCTICA:

Inserte las imágenes prediseñadas en los marcos:

1. Haga clic con el botón derecho del ratón sobre la primera imagen y seleccione la opción Cortar en el menú contextual. La imagen desaparecerá de la hoja. Si quiere mantenerla en su lugar de origen, seleccione Copiar en lugar de Cortar.

2. Haga clic con el botón derecho del ratón sobre el centro del primer cuadro. Cuando se abra el menú contextual, haga clic en la miniatura que aparece bajo la opción Opciones de pegado. La imagen quedará pegada dentro del cuadro.

3. Repita la operación para las tres imágenes restantes.

4. Escriba el texto de cada imagen haciendo clic en Texto.

5. Observe que la cinta de opciones muestra la pestaña Herramientas de SmarArt. Haga clic en la pestaña Diseño y aproxime el ratón a las distintas opciones del grupo Diseños y del grupo Estilos de SmarArt, para ver el resultado sobre la marcha.

6. Haga clic en el pequeño botón **Más** de cada uno de los grupos para desplegar el menú completo. Están señalados en la figura 6.17.

7. Acerque el ratón a los modelos y a los estilos para ver el resultado.

8. Haga clic cuando un resultado le parezca satisfactorio.

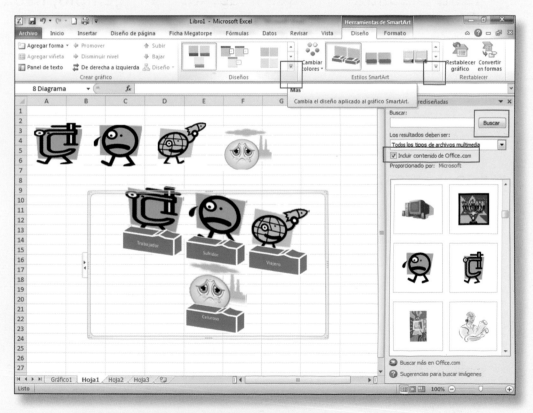

Figura 6.17. Las imágenes prediseñadas de Office en la hoja y en el marco de SmarArt.